看一眼就记得住的地理

地理

趣谈

杨帆 李平 著

时代文艺出版社
SHIDAI WENYI CHUBANSHE

图书在版编目（CIP）数据

看一眼就记得住的地理趣谈 / 杨帆，李平著.
长春：时代文艺出版社，2025.3. —— ISBN 978-7-5387-
7573-0

Ⅰ. K90-49

中国国家版本馆CIP数据核字第202465AV13号

看一眼就记得住的地理趣谈

KAN YI YAN JIU JIDEZHU DE DILI QUTAN

杨 帆 李 平 著

出 品 人：	吴 刚
产品总监：	郝秋月
责任编辑：	张洪双
特约编辑：	王 彦
装帧设计：	丫丫书装·张亚群
排版制作：	东方巨名

出版发行 时代文艺出版社

地　　址：长春市福祉大路5788号　龙腾国际大厦A座15层（130118）

电　　话：0431-81629751（总编办）　0431-81629758（发行部）

官方微博：weibo.com/tlapress

开　　本：710mm×1000mm　1/16

印　　张：15

字　　数：195千字

印　　刷：运河（唐山）印务有限公司

版　　次：2025年3月第1版

印　　次：2025年3月第1次印刷

书　　号：ISBN 978-7-5387-7573-0

定　　价：46.00元

图书如有印装错误　请与印厂联系调换　（电话：13701275261）

地理带我去旅行

我对地理开始感兴趣，源于我初中的地理老师。那是一个炎热的下午，我坐在教室里靠窗的位置，一边听课，一边额头冒汗。

强烈的阳光照射在黑板上，黑板的反光让我看不清上面的粉笔字，而看不清就记不了笔记，可我又不好意思跟新来的地理老师反映，情急之下，额头上的汗反而更多了。

窗外就是学校的操场，操场上有三棵五人牵手才能合抱的楠木树。知了在楠木树上叫个不停，那叫声里还充满了哀怨，仿佛在叫喊："我好热呀！受不了了！"当时的我虽然端端正正地坐着，没有因为炎热的天气打瞌睡，更没有表现出焦躁的感觉，但其实心思已经不在课堂上了。关键上的不就是地理课吗，用得着认真听课吗，应付完老师不就可以了吗？我是这样替自己开脱的。因为在我们读书那会儿流行的是"学好数理化，走遍天下都不怕"，地理和语文、数学、外语比起来顶多算是个"调味品"而已。

等我成年周游了世界上十几个国家后再回想起来这事，突然很想给初中的那个自己一个小耳刮子。

言归正传，当时我们那位新来的地理老师，好像一点儿也不觉得天气烦闷，在课堂上讲得津津有味！没有照本宣科，反而是把书丢在讲桌上，侃侃而谈。也正是因为他那段话，我才开始期待每个星期仅有的两节地理课。

他说："我们的盐碱地是脆弱的，但这个脆弱不是感情脆弱，动不动就喊爹妈，哭哭啼啼的。也不是你们吃的薯片，轻轻一咬就碎了。这个脆弱是当你用脚踩在盐碱地上，你能用耳朵听到的噼里啪啦声，甚至是爆裂声！但其实我并不想你们真的去踩盐碱地，因为盐碱地周围几乎都是荒漠、沙漠和戈壁滩，也就是你们常说的'鸟不拉屎的地方'。值得一提的是，盐碱地的前生可不是这样的，曾经的它们是海洋，是绿洲，甚至是'芳草鲜美，落英缤纷'的桃花源……"

从此以后，我喜欢上了地理课。因为我之前知道的地理知识都是些死板的概念和定义，而不是像新的地理老师讲的这样。原来地理不是一个一个的概念，地理能带着我的心飞往地球上的每一个角落，让我体验到一次又一次的免费旅游和心灵按摩。

带着对地理的无限热爱，我写下了这本书的第四、六、七、八章，不仅希望能继承我初中地理老师的钻研精神，让更多的人能喜欢地理，也希望地理能治愈人心。在本书中，你能看到地球上的不同景象，以及不同地貌带给人类生活的影响。希望你能对我们的地球有一个更加清晰的认识，因为这些有趣的地理知识能帮助你了解，我们之前的地球是什么样的，如今的地球又是什么样的。你还能根据现在的地球情况，去预判未来的地球又是什么样的。

下面，让我们一起开启这个神奇之旅吧！

——杨帆

序二

原来地理也可以这么学

宇宙无垠，星河辽阔，可怎么就只有地球适宜人类生存呢？它又是如何诞生的呢？明明地球上大部分面积都被海洋覆盖，却怎么还是缺水呢？地心里真的存在生命体吗？火山偏爱哪些地区呢？世界第二冷的地方是如何成为钻石尘降落的限定区呢？为什么说地球是一个富有的宝石生产商……

细数地球诞生史，从神话传说到宇宙大爆炸，从无生命到有生命，从人类起源再到生命可持续发展，过程何其漫长而艰难，最终才形成了如今的地球，也构建了地理这门涵盖万千气象的学科。在这几十亿年的时间长河里，大气调节地球温度，含氧量演绎气候变化，岩石圈互相碰撞、挤压导致火山喷发和地震，山川河流交相辉映诞生奇异景观，春夏秋冬不断更替舞动二十四节气，地理告诉我们的不仅仅是"在哪里"，还有名称及事物的空间格局、空间变化和相互联系。

我们生活在地球之上，时刻与地理环境打交道，接触的人、事、物与地理知识密不可分，学习地理很重要，学会地理更重要。本书从地理的知识点出发，以图文结合的方式呈现地球上的空间结构和地理现象，让读者在轻松获取知识的同时，培养其空间思维和发展的综合能力，从而更好地理解复杂的现实世界，推动创新和综合发展。

——李平

CONTENTS 目录

第 一 章

我们赖以生存的地球家园，是一个怎样的星球？

1 孕育生命的地球是哪种力量创造的?

地球是太阳系的第三颗行星,宇宙无垠,星河辽阔,数十亿年前的混沌世界"嘭"地诞生了这颗美丽又生机勃勃的星球,那地球是谁家的孩子呢?在中国神话中,地球是盘古的"孩子",当时天地混沌一片,盘古生在其中,过了一万八千年,开天辟地,而在古希腊神话中,地球是由海神波塞冬用他的三颗脑袋所创造的,是波塞

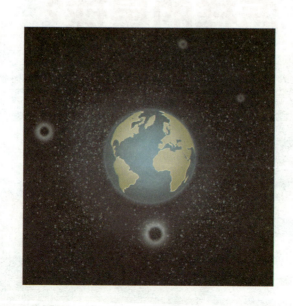

冬的"孩子"，他的三颗脑袋创造了大地、海洋和天空。但是在古印度的传说中，地球最开始是一个圆形的球体，被一团巨大的火焰围绕，当火焰渐渐熄灭，地球最终分裂成不同部分，就形成了现在咱们看到的地球。

看一眼就记得住的知识点

地球是怎样形成的？

据科学家研究，大约46亿年前，宇宙还是一片温度极高、能量集聚、密度高的状态，物质在这个状态下开始相互吸引，逐渐聚集形成原始的物质云团，接下来，这些云团发生碰撞，并不断合成更大的天体，形成的最大的一个天体就是咱们观测到的太阳系的原行星带，这些星带上还有许许多多的小天体，它们又不断相互碰撞、不断合成，最终形成了行星。

地球的形成也是如此，大约45亿年前，咱们地球所在的星带和另一个天体发生了碰撞，碰撞后，两个天体融合在了一起，形成了地球的核心。而在此过程中，太阳平稳地向地球提供光和热，随着时间的推移，地球的核心变得越来越热，周围的岩石也开始变成了液态，此时的地球开始有了生命赖以生存的水和气体。

看一眼必须收藏的知识点

地球到底是什么样的？

按照中国神话的"盖天说"，地球是一个天圆地方的家伙，直到公元前500年，有个人出来唱反调，就是那个发现黄金分割率和勾股定理的毕达哥拉斯，他推断地球应该是球体，虽然证据是100多年后的亚里士多德帮他找到的，而真正用实践证明地球是圆的人是16世纪的航海家麦哲伦，他用一次环球航行证明了地球是个球体，是个圆球。

地球仪就是人们仿照地球的形状，按照一定比例缩小而成的地球模型。

地球是如何旋转，时间又是如何形成的呢？地球是属于太阳系的行星，地球围绕太阳做周期性转动，这是公转，公转平均角速度每年360度，即每日59分，公转周期为365天6小时9分10秒。地球在公转的同时自转，自转周期为23小时56分4秒。这就形成了咱们日常工作生活的时间表。

虽然对于地球的形成众说纷纭，但科学界认可的依然是碰撞学说，原始地球和其他物质碰撞，形成陆地和海洋，形成了咱们赖以生存的星球，而这个星球是圆形的，是"条条大路通罗马"的圆球。地球是宇宙的孩子，从出生到成长到发展经历了很多阶段，但不变的是它永远是孕育着生命的星球。

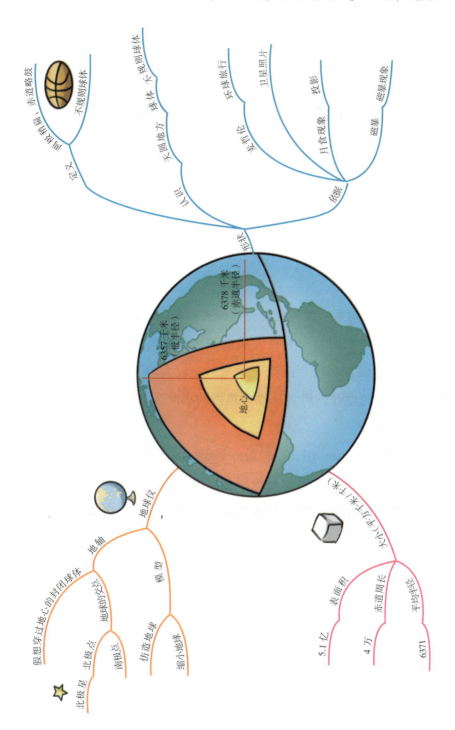

形状

定义

认识

证据

地球略扁、赤道略鼓

不规则球体

天圆地方

球体 不规则球体

环球旅行

麦哲伦

卫星照片

月食现象

投影

磁暴 磁暴现象

6378 千米（赤道半径）

6357 千米（极半径）

地心

地球仪

假想穿过地心的封闭球体 地轴

北极星 北极点

南极点 地球的形点

仿造地球 模型

缩小地球

大小（千米/千米²）

表面积 5.1 亿

赤道周长 4 万

平均半径 6371

2 地球的内部构造长啥样？

地球是太阳系八大行星之一，按照离太阳由近到远的次序排序为第三颗，也是太阳系中直径、质量和密度最大的类地行星，已有大约45亿岁。而在46亿年前呢，太阳系中较大的物质互相吸引融合，形成了最初的地球，后者从像个鸡蛋的小球逐渐变成直径约12742千米的大圆球。

如果把大圆球一切分二，最外部那层薄薄的是地壳，中心位置是地核，包围地核的那层就是地幔。因地壳内部不停地发生变化，由此产生的力的相互作用，导致地壳岩层发生变形、断裂、错动，形成地震。

看一眼就记得住的知识点

地球内部由内到外分为地核、地幔、地壳，那这三者里面都有什么呢？

地核位于地球的最中心，它的"C位"是位于最中心的内地核，往外依次是过渡层和外地核，外地核厚度约 2080 千米，里面的物质可形成液态，能流动；内地核的物质是固态的，主要由铁、镍等金属元素组成。

地核的温度在 5000 ℃ 以上，温度和压力都是很高的。

地球的中间层是一层由致密的造岩物质构成的地幔，这可是地球内部体积最大、质量最大的一层。地幔也分两层，即上地幔和下地幔，而在上地幔顶部隐藏着一个释放放射元素的软流层，也是岩浆的发源地。

地幔层的物质普遍呈固态特征，由铁、镁的硅酸盐类矿物组成。

地壳是生命生存活动的最佳位置，它是地球的表面层，也是覆盖水流最多的地方。组成地壳的原因是当时的地球距离太阳比现在近，地球被太阳的高热光线所熔融，后来在绕太阳公转所产生的离心力作用下，地球逐渐远离了太阳，地球表层逐渐降温并开始凝固，再加上各种天外飞物降落在地球表面，于是就形成了现在的地壳。

地壳内部呈高低起伏的形态，厚度并不均匀，内部物质中有 90 多种元素，多以化合物形式存在。

自地球诞生以来，地壳就在不停运动，既有水平运动，也有垂直运动。不过，坚硬的地壳并不是"铁板一块"，包括在大洋底下的岩层，都是由一块块大板块构成的。在地壳运动过程中，这些板块彼此分离、碰撞、滑动等导致地球表面的地形变化，从而衍生山脉、地震带等。

地震活动是板块之间断层滑动引起的，也是地壳运动最直观、剧烈的反应，是咱们最能直观感受到的运动。科学家们通过测量和分析地震波，了解地震的发生频率、强度和分布，以此预测地震的可能性，减轻地震灾害的影响。

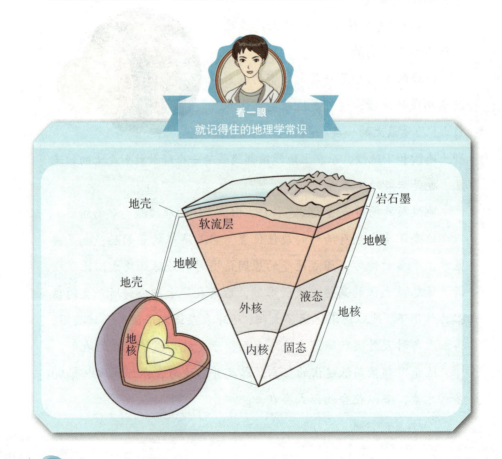

看一眼
就记得住的地理学常识

3 水循环：地球万物生长的必要条件

地球上的水是不断循环的，就像是一个巨大的发动机，设想一下，如果这个发动机有一天"罢工"了，会造成海洋中的水越来越少，陆地上的水越来越多，空气中的水汽越来越少，云层厚度越来越薄，降水越来越少，干旱越来越严重，植物失去了生长所需的生命之水，动物失去了可饮用的水源，一切生命将不复存在。可见，水循环是自然现象中最奥秘也是最重要的现象。

地球表面约有70%以上的面积是被水覆盖着的。其中，98%以上的水资源是以冰川与海洋的形式存在，其他剩余的水资源则以大气水、河流、湖泊等形式存在于地表，不断更新循环着，从而形成了地球庞大的"血脉系统"。

水循环主要有三个过程：蒸发、凝结、降水

蒸发

地表上的海洋、湖泊、河流等水资源，在太阳辐射的作用之下，其水体表面上的一小部分水分子就会转化成水汽。这些水汽会不断上升并且聚集于大气之中。倘若这个转化过程是发生在活体的植物体表，就被称为"蒸腾作用"。

凝结

当这些水汽分子上升至空中时，有一部分会在一定的条件之下凝结成小水滴。当这些小小水滴积少成多，就能形成空中朵朵的云彩。

降水

当小水滴不断变大时，它们就以雨、雪等形式降落于地面。它们或是落于地面，或是渗入地下，最后流入江海湖泊。

当雨水渗入土层之下，就会在岩石的裂缝之中流动或者聚集着，这就形成了我们通常所说的地下水。

水循环会引起能量与环境温度的变化。当水被蒸发时，会从环境中吸收一定的能量，从而使周边环境的温度下降；相反，当水汽凝结之时，就会释放自身的能量，从而提高周围环境的温度。不要小看这种能量与温度的转化，其中的热量交换会直接影响着全球的气候，与我们每个人的生活密切相关。

千万不要小瞧水循环的效应，在这个过程中，水会被净化，最终补充了我们赖以生存的淡水供应。此外，水循环通过沉积作用和侵蚀作用，重塑了地球表面的地质特征。

　　水喜欢以不同的形式来装扮自身。有些水以海洋、湖泊、河流、池塘、溪流等多种形式流于地表，有些则以白雪、冰川等固态形式存于地面。然而这些形式的水量通常都是不稳定的，是不断变化的，因此水的形式虽然不同，但它们都会由于外界环境的作用而不断运动着，这些运动对整个水循环都起着积极的作用。

看一眼
就记得住的地理学常识

4 景观：地表丰富多样的地貌形态

大自然的鬼斧神工造就了千沟万壑的奇特地貌，由形状和坡度不同的地形面、地形线和地形点等形态要素构成了一定几何形态特征的地表。这些地貌形态共同构成了地表丰富多样的景观，如爱尔兰的巨人堤、西班牙的红酒河，以及澳大利亚的棋盘道等。

看一眼就记得住的知识点

我国地貌形态如何形成的？有哪些特征？

我国的地貌是在特定的地质基础与新构造运动等内力因素，以及复杂多变的气候、水文、生物等外力因素作用下形成的。

我国是一个山区面积大、多山的国家，这些山脉纵横交织，定向排布形成网格状，构成了我国地形的骨架。地貌特征具有地势西高东低，呈三级阶梯状分布的特点。

看一眼必须收藏的知识点

地势三级阶梯包括哪些呢？

阶梯名称	主要地形类型	主要地形区	海拔（单位：米）
第一级阶梯	以高原、山地为主	珠穆朗玛峰、青藏高原、柴达木盆地	4000 以上
第二级阶梯	以高原、盆地为主	内蒙古高原、云贵高原、黄土高原、四川盆地、塔里木盆地、准噶尔盆地	1000~2000
第三级阶梯	以丘陵、平原为主	东南丘陵、东北平原、华北平原、长江中下游平原	500 以下

看一眼必须背会的知识点

地球到底是什么样的？

地貌是内外力地质作用在地表的综合反映，形成地貌形态的原因复杂、多样，造就了千姿百态的地貌景观。

• 巨型地貌包括大陆和洋盆。

• 大型地貌包括陆地上的山岳、平原、大型盆地、洋盆中的深海沟等。

• 中型地貌包括河谷、分水岭、山间盆地等。

• 小型地貌包括阶地、谷坡等。

我国最常见的六大地貌是岩溶地貌、丹霞地貌、雅丹地貌、岱崮地貌、嶂石岩地貌、张家界地貌，地球上的六大特色地貌是喀斯特地貌、雅丹地貌、丹霞地貌、冰川地貌、火山地貌、海岸地貌。

因地貌特征在很大程度上影响流域、灌区和引水路线的开发和选择，所以水利工程建设的建筑师们针对地貌特征的区域构造的特点，合理规划选址、建筑场地，同时研究河道冲淤规律、水库固体径流来源，具有非常重要的实际意义。

看一眼
就记得住的地理学常识

地貌形态特征

地形特征

1. 地形复杂多样：山地占 33%、高原占 26%、丘陵占 10%、盆地占 19%、平原占 12%

2. 高原山地面积广：山区占 2/3 以上（丘陵、高原、山地统称为山区）

地势特征

1. 西高东低：西部高（山地、高原、盆地），东部低（平原、丘陵）

2. 呈三级阶梯状分布：

第一级阶梯——4000 米以上——以高原、山地为主——青藏高原、柴达木盆地

分界：昆仑山—祁连山—横断山脉

第二级阶梯——1000~2000 米——以高原、盆地为主——内蒙古高原、云贵高原、黄土高原、四川盆地、塔里木盆地、准噶尔盆地

分界：大兴安岭—太行山脉—巫山—雪峰山

第三级阶梯——500 米以下——多以平原、丘陵为主——东北平原、华北平原、长江中下游平原、东南丘陵

5 疯狂的秦岭—淮河：
中国南北的分界线

《晏子春秋·内篇杂下》记载"橘生淮南则为橘，生于淮北则为枳"，平平无奇的橘子生长在南方叫橘，生长在北方变成了枳，无独有偶，土壤在南北地区的颜色也各有不同，南方土壤以红壤为主，北方则以黄壤或棕壤为主，而导致秦岭这个在横亘在中国中部，东西走向的山脉，如一堵"风火墙"一样将中国划分为南北方，与淮河一起形成了中国重要的地理分界线。

看一眼就记得住的知识点

神奇屏障的"南北之分"

秦岭—淮河一线是中国南方和北方的地理分界线，从秦岭山脉开始，延伸至淮河流域，线的南面和北面，从自然条件、生产方式来看，分属不同类型，在地理风貌和人民生活习俗上也有较大的差异。

秦岭—淮河一线构成了半湿润、湿润区。南面气候湿润，降水量较大，水盈则能足，能源以水能为主，矿石则以有色金属为主，因有"屏障"的保护，同时在"季风"的影响下，气候属于湿润的亚热带、热带季风气候，适宜种植水稻，是稻米的集中产区，作物一年两熟到三熟。地形上东部分布着平原、低山、丘陵，西部分布着云贵高原和四川盆地等，是我国重要的水田农业区。

北面则面临着气候干燥，降水少，且四季分明，河流含沙量大，旱地为主的境况，旱地农业也成为北方主要的农业生产方式，土壤的属性决定了作物的种类，主打小麦、玉米种植，作物熟制分两种，一年一熟或两年三熟，而土壤以黑色土壤、盐碱土为主。因我国地势阶梯状分布的特点，北面地区以平原和高原为主，北部的黑龙江一年的时间里有半年都是天寒地冻、水流结冰的状态。

气候受纬度位置的影响，北面气候属于温带季风气候，南面气候是亚热带、热带季风气候，而在秦岭—淮河分界线的划分下，由于南北两面地形不同，破碎、重组的南面形成了异常独特的地

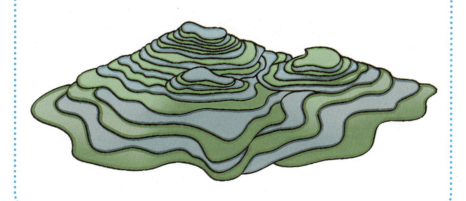

理景观。如我国富饶的宝岛——台湾，因绿色植被覆盖率高，享有"亚洲天然植物园"的美誉；云南的"哈尼梯田"，一坡上有成千上万亩，堪称"农耕文明"奇观。

北面高原和平原纵横交错，加之气候干燥，造就了奇特的地理景观。如"华夏之根"的陕西华山，由地层断裂而成，峰峦奇特，景观绝美；河南的龙门石窟，东西山相望，数以千万的浮雕，堪称中国石窟"艺术宝库"，具有极高的历史文化价值。

秦岭—淮河一线从古至今都是中国的重要地理分界线，它对中国政治、军事、经济、人文历史、文化习俗等方面有着深远影响，同时在中国地理区域划分上，也是主导因素，南北方地区与西北地区和青藏地区共同构成中国四大地理区域。

看一眼必须收藏的知识点

地势三级阶梯包括哪些呢？

四大地理区域	位置	包括省（区、市）	农业	气候	地形	划分依据
北方地区	秦岭—淮河以北，大兴安岭以东，东临渤海、黄海	东北三省、黄河中下游各省全部或大半部，甘肃东南部，安以及江苏、安徽的北部	旱地种植，多种植小麦、大豆	温带季风气候，年降水量为400~800毫米	高原、平原、山地	秦岭—淮河以北，400毫米年降水量线以东，800毫米年降水量线以北
南方地区	秦岭—淮河以南，青藏高原以东，东部濒临东海，南部濒临南海	长江中下游南部沿海和西南各省的全部或大部	水田种植，以水稻、棉花为主	湿润的亚热带、热带季风气候	平原、盆地、高原、低山、丘陵	秦岭—淮河以南，800毫米年降水量线以南

续表

四大地理区域	位置	包括省（区、市）	农业	气候	地形	划分依据
西北地区	大兴安岭以西，昆仑山－阿尔金山－祁连山以北	内蒙古、宁夏、甘肃西北部、新疆西北部	贺兰山以东：草原畜牧业；贺兰山以西：绿洲农业	温带大陆性气候，气候干旱	高原、盆地为主，有着我国最大的沙漠——塔克拉玛干沙漠	400毫米年等降水量线以西，降水量逐渐减少
青藏地区	我国西南部，横断山脉以西，昆仑山脉—祁连山脉以南，喜马拉雅山以北	青海、西藏、四川的西部	西藏牧区和青海牧区培育着优良畜种：藏绵羊、牦牛、藏山羊；因地势高，气温较低，日照时间长，宜种植青稞和小麦	独特的高寒气候，年温差小，日温差大	青藏高原、盆地、谷地	年降水量由东南向西北递减，海拔高，气候寒冷

6

打卡！你可能不会相信的中国自然资源！

当你乘坐飞机翱翔在高空，俯视成都双流机场，映入眼帘的是四只活灵活现的"国宝"熊猫，而随着飞机越过湖北省、途经河南省、河北省到北京，飞机可以在此飞行，但无法取道所在的行政区域。为什么会出现这种现象呢？中国自然资源除了熊猫还包括哪些呢？

看一眼就记得住的知识点

从地球仪看中国，中国是怎样的呢？

以太平洋为起点转动地球仪，能看到在东半球、北半球之上，面朝太平洋的是中国，是一个背靠欧亚大陆，海陆兼备的国家。陆地领土面积约为960万平方千米，居世界第三位，相邻国家有14个，东面邻国是朝鲜，东北邻俄罗斯，北邻蒙古，西北邻哈萨克斯坦、吉尔吉斯斯坦、塔吉克斯坦，西和西南与阿富汗、巴基斯坦、印度、

尼泊尔、不丹等接壤，南邻老挝、越南、缅甸。

有着世界上海岸线最长的大陆海岸线，长 1.8 万多千米，北起鸭绿江，南至北仑河口，隔海相望日本、韩国、马来西亚、菲律宾、文莱以及印度尼西亚。

我国地大物博，是世界上陆地面积第三大国家，海洋面积第五大国家，领土从最西端的新疆帕米尔高原到最东端的黑龙江省黑龙江与乌苏里江主航道中心线的交汇处，东西跨约5200千米，从最北端的漠河以北的黑龙江主航道的中心处到南沙群岛的最南端曾母暗沙附近，南北跨约5500千米。如此辽阔的疆域上，有着丰富多样、潜力巨大的自然资源，首先是土地资源，海拔较高、起伏较大的山地包括丘陵、平原和高原；而在复杂多变的生态环境中，根据地貌的形成发展，构成了耕地少，草原多，林地比例小、难开发利用土地比例大的特点，那么我国究竟有多少自然资源，可以开发利用的占比又有多少呢？

看一眼 必须收藏的知识点

丰富多样的自然资源，可再生与非可再生

辽阔海域孕育了台湾岛、海南岛以及崇明岛，这些沿海地区的水资源属于自然资源，是对人类活动有价值的自然资源，属于可在较短时间内更新、再生，或可循环使用的可再生资源。除了水资源，土地、森林、阳光等都属于可再生资源，我国的可再生资源总量丰富，时空分布不均，呈"南盈北短"，冬春季少、夏秋季多的特点，是名副其实的资源大国。而非可再生资源，如煤炭、石油、铁矿等

形成、再生过程较为缓慢，几乎无法再生。

我国总人口数约14.1亿人口（2020年），是世界上人口较多的国家之一，人口分布同资源一样分布不均，呈"东满西亏""五多五少"的特点，即平原、盆地人口多，山地、高原人口少；沿海地区人口多，荒漠干旱地区人口少；经济发达地区人口多，经济落后地区人口少；城镇密集人口多，偏僻地带人口少；汉族地区人口多，少数民族地区人口少。由于我国人口众多，我国的土地资源人均占有量远低于世界平均水平，耕地少，荒漠、雪山、冰川以及石山等难以利用的土地较多，后备耕地比重小，又呈现出"人地矛盾"的特点。

水生土，水土是生命的基础，水又克土，流动的水侵蚀固有的土壤，因此我国各类土地资源地区分布不均，水资源供应紧张，而跨流域调水有效解决了水资源利用率低、浪费严重的问题；我国的跨流域调水工程包括了引滦入津工程、引黄济青工程、引黄入晋工程、南水北调工程等，在一定程度上缓解了用水困难问题，合理保护节约了水资源。

除了水土资源，我国也是矿产资源能够自给自足的少数国家之一，我国已发现矿产173种，具有分布广、储量大、种类多的特点，其中有色金属如钨、锑、锡、汞、钼等均位列世界前位。其次我国现有森林面积2.31亿公顷，居世界第五，森林覆盖率为24.02%，有着丰富多样的森林植物与类型，如东北地区是我国主要天然林区，现有森林3094万公顷，占全国的26.9%。森林对于涵养水源发挥着举足轻重的作用。另外，我国还有着非常丰富的生物资源，这些资源不仅能提供多种工业原料，还能保护和改善生态环境，对经济发展以及人民的生活有着重大影响。

看一眼
就记得住的地理学常识

四大地理区域	区域特点	自然原因	水资源利用率	土地资源利用率
北方地区	以旱地为主	土壤肥沃，耕地多，平原广阔	水热资源相对差	土地利用率高
南方地区	以水田为主	多为丘陵、山地，气候湿热	水热资源丰盈	生产力高
西北地区	以草地、荒漠为主	光照充足，热量较为丰富，干旱少雨	水资源匮乏	土地利用率低，生产力较低
青藏地区	草地、高寒、荒漠、冰川	热量不足，光照充足	水网体系较大	生产力较低

第 二 章

地球有哪些
有趣的
气候现象？

1 气象图，反映地球气候现象的神器

　　人迹罕见处必有"祥瑞物"，在世界上较寒冷的地方——南极高原上可以观测到一种璀璨夺目的气象，这就是钻石尘，钻石尘是低空大气中的水蒸气在低温时直接凝华成的微小晶体，因通常在晴朗或近乎晴朗的天空下形成，又被称为晴空降水。钻石尘常见于南极洲和北极，通常与光晕有关，别小瞧钻石尘，它的出现有时会导致机场自动化气象站出现问题。

看一**眼**就记得住的知识点

为什么说气象图是反映地球气候现象的神器？

钻石尘形成的条件有三个：一是空气湿度较大，二是空气温度较低，三是早晚温差明显。黎明前（温度最低）是孕育钻石尘冰晶颗粒的最佳时期，数量较多，颗粒较大，但随着太阳升起，温度升高，晶体很快被气化。如此璀璨的钻石尘并不是随处可见的，但如果你有了气象图，钻石尘便会"手到擒来"。

一方面，气象图通过记录数据分析要素间的相互影响，帮助人们更好理解天气的变化规律。另一方面，气象图包括了气温、气压、湿度、风向、风速等诸多天气要素，气象要素不同反映的天气现象也不相同。如高气压区的附近天气晴朗，低气压区则容易出现风和降雨。

气温，顾名思义指大气的温度，可利用温度计测得。在地图上，把气温相同的各点连接成线，就成了等温线，根据等温线的分布情况可判读气温情况。因纬度因素的影响，低纬地区气温高，高纬地区气温低，降水则是赤道地区多，两极地区少。通常用等降水量线表示降水量的分布情况。

雨也是降水的形式之一，除此之外还有冰雹、雪等，根据单位时间内降雨量的多少，可把降雨划分为小雨、中雨、大雨、暴雨等不同等级。

观测天气尺度运动，可预报短期天气情况。大气运动在空间和时间上都具有稳定的尺度谱。大气运动系统，按其水平尺度通常分

为大尺度系统、中尺度系统、小尺度系统，是分析天气特点的重点系统，天气系统是三维的，需要高空气象和地面气象配合使用。

地面气象图是根据当时的海平面气压、气温、露点、云状、云量、能见度、风向、现在天气、过去天气等，根据图上气压值描出等压线，同时结合温度、露点、天气现象标出各类天气系统和天气形势及其天气分布等。常见的气象图有天气气压图、天气图、降水量图、风向图等，通过对气象图的分析，预测未来的天气变化。

世界主要气候类型特征

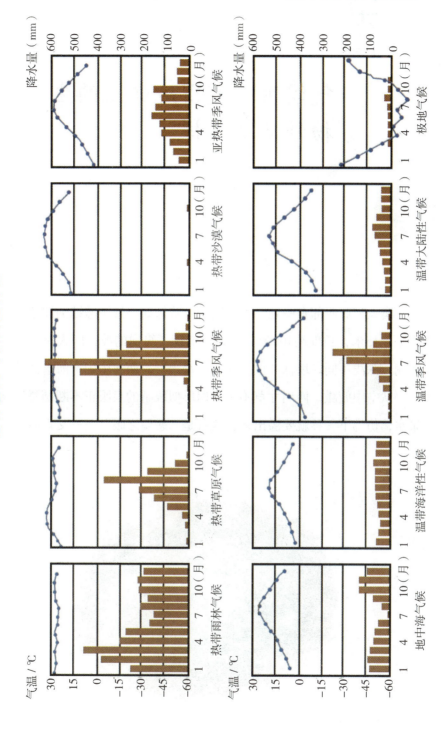

2 气候带，使得地球上的生物物种丰富多样

澳大利亚西部有一处巨大岩层，形状仿如一排被冻结的波浪，它高出平地15米，长度约100米。岩层上铺满了纵向的波：即大条纹，七彩斑斓，深浅不同，堪称"世界第八大奇观"。而在中国青海省柴达木盆地，从空中俯瞰，四周寸草不生，但形似眼睛的泉眼正不断翻腾滚动着泉水，仿佛下一秒就要溢出来，这就是"恶魔之眼"——艾肯泉。

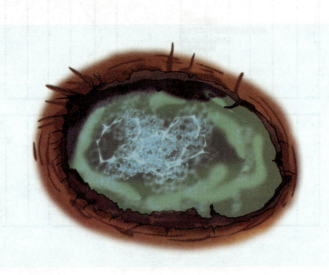

澳大利亚西部干燥，降水量少，气温的急剧变化造就了干旱中的奇迹——波浪岩。我国青海深居内陆，地处高原，气温低，干燥，诞生了生命迹象全无的"恶魔之眼"——艾肯泉。同样是干燥的气候条件，为什么产生的景象迥异呢？什么是气候带？为什么说气候带使得地球上的生物物种丰富多样？

看一眼就记得住的知识点

什么是气候带，主要特点是什么？

气候是一个地区多年的天气平均状况，气候带是围绕地球呈带状分布的气候分类单位，基本形成因素是太阳辐射，同一气候带内，气候基本相似。澳大利亚在地球南半球，濒临太平洋和印度洋，受海水影响，横跨热带和温带两个气候，而中国青海，远离海洋，地处高原，属于高原大陆性气候。

气候带按照一定顺序，从低纬度到高纬度分布，受海陆分布和海拔以及大气环流的影响，较高纬度地区与同纬度地区的气候差异较大。像我国青藏高原和天山山地，气候特点呈现海拔高、气温低、辐射强、日照时间长、降水量少，气温年较差小、日较差大的特点。

古希腊人以南、北回归线和南、北极圈为界线，把全球气候划分为热带、南温带、北温带、南寒带、北寒带5个气候带。这种分带反映了地球气候水平分布的基本规律，随着气候资料的积累，人类对气候带的认识和划分也逐渐完善。以温度和降水量为指标，将全球气候划分为热带多雨气候、干旱气候、温暖多雨气候、寒冷雪林气候和冰雪气候5种气候带。

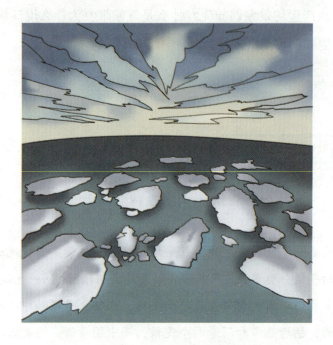

我国地域广阔，东临太平洋，西南隆升有青藏高原，复杂的地理条件使我国呈现出热带季风气候带、亚热带季风气候带、温带季风气候带、温带大陆性气候带、高山高原气候带，从南到北跨越了5个气候带，不同气候带释放的土壤、动植物、自然景观等存在着地带性差异。像我国海南岛全部还有台湾省南部，都属于热带季风气候带，全年高温，全年无霜，主要盛产莲雾、番石榴、杧果等热带水果；内蒙古、宁夏、甘肃、新疆北部地区，都属于温带大陆性气候带，由于远离海洋，降水量低，气温的年较差和日较差也越大，因此植被从森林过渡到荒漠和草原。

看一眼必须收藏的知识点

为什么说气候带使得地球上的物种丰富多样？

气温是物种生存和发展的"调节器"，不同植物对温度的敏感性不同，气温升高，气候变暖会延长植物的生长季。铁线莲，根茎细似铁线，一朵千瓣，似莲先开，有"藤本皇后"的美称，遇到冬季寒冷低温时，铁线莲的叶片会逐渐枯萎、凋落，但当气温升高，它便会正常抽叶发芽。

气温变化能使同一物种呈现不同景观，也会使物种向温度低的方向移动，寻找更适宜繁衍之地。北美每年8—9月份，是候鸟迁徙的最佳时间，成群结队的候鸟飞往南方相对温暖地区，但由于气候变暖，北美中西部在夏季遭遇极端高温天气，导致山火爆发，山火破坏了候鸟的栖息环境，致使其不得不再次迁徙。

热带雨林气候区被称为全球最大的生物基因库，也是生物循环转化和储存的活动库。这里濒临海域或大河流域，雨量充沛，地势较低，更适合雨林生长，因此这里广泛遍布着野芭蕉、龟背竹、大榕树、望天树、油棕等植物，演化出了种类繁多的奇花异卉，繁衍出了诸如卷尾猴、小食蚁兽、大猩猩、猩猩、眼镜猴、树袋熊等丰富多样的动物。

地球生态系统稳定和发展的一个关键支撑点就是气候，它为物种构建了生存、演变、繁衍的基本要素，影响、改变着种群的发展，与此同时，气候建立了物种间复杂的食物链关系。像"螳螂捕蝉，黄雀在后""鹬蚌相争，渔人得利""山上多植树，胜似修水库"，可见生物物种受气候条件影响较大，气候使得生物物种丰富多样。

看一眼
就记得住的地理学常识

大气环流	大洋东侧洋流	大陆西侧、大陆内部、大陆东侧	大洋西侧洋流	大气环流
极地高压（干）	90°	冰原气候	90° 70° 寒流	极地高气压带
极地东风（干） ↙↙		苔原气候		极地东风带 ↙↙
副极地低压带（湿）	暖流 70° 60°	温带大陆性气候		副极地低气压带
西风带（湿） ↗↗		温带海洋性气候 / 温带大陆性气候 / 温带季风气候	55°	冬冷干夏暖湿 ⇄
副热带高气压带（干）	40°	地中海气候	35°	冬冷干夏暖湿 ⇗
东北信风带（干） ↙	寒流 30° 20°	热带沙漠气候 / 亚热带季风气候	暖流 25°	冬冷干夏暖湿 ⇗
		热带草原气候 / 热带季风气候		
赤道低气压带（湿）	10° 0°	热带雨林气候		赤道低气压带

移动规律

太阳辐射从低纬向两极递减

035

3 是谁发明的二十四节气？

《鹖冠子·环流篇》有云："斗柄东指，天下皆春；斗柄南指，天下皆夏；斗柄西指，天下皆秋；斗柄北指，天下皆冬。"如此东南西北，循环重复，造就春夏秋冬，四季轮回。

看一眼就记得住的知识点

是谁发明了二十四节气？

《史记》和《楚辞·天问》里均记载了一位"奇人"，他相貌奇异，头像极鸟，脚似山羊，浑身长满毛发，身材像个猴子，却带领当时的农业走进了一个崭新时代，使华夏农业发生了一次重大革命，也使日出而作，日落而息，从事农艺畜牧的人民有了时间观念，极大提高了农业发展和人民的生活质量，他就是在远古时代的三皇五帝时期中位列五帝第三位的帝喾，"二十四节气"的发明人。

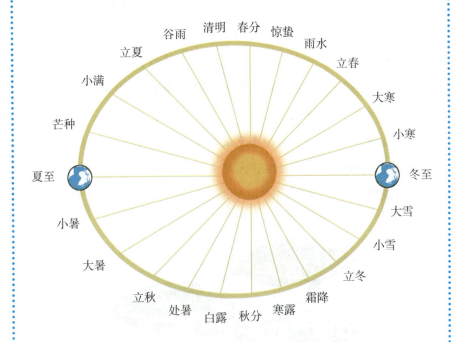

作为古代农耕文明的产物，二十四节气是根据太阳在赤道（即地球绕太阳公转的轨道）上的位置变化而制定的。古人通过观察太阳运行在黄道上的特定位置，从而确定当下属于哪个节气，节气也标志着季节的转变，因此古人会根据不同的节气确定农耕畜的活动时间。

中国是一个历史悠久，地大物博，拥有丰富多样地理环境的国家，二十四节气作为中国的传统文化，与中国的地理环境密切相关，与人民的生活息息相关。

　　二十四节气的命名分为三种，分别反映了季节、物候现象和气候变化。

　　由于我国地域辽阔，气候具有非常明显的季风性和大陆性，各地区气候差异较大，因此有反映气温变化的五个节气——小暑、大暑、处暑、小寒、大寒；有表明降雨、降雪反映降水程度的雨水、谷雨、小雪、大雪；有反映气温逐步下降过程，提醒人们养生的白露、寒露、霜降；还有反映农作物成熟，提醒人们收成的小满和芒种。除此之外，"四立"立春、立夏、立秋、立冬反映了四季开始交替，春分、秋分、夏至和冬至反映了太阳高度变化，而惊蛰、清明则是自然物候现象的显现，尤其是惊蛰，初雷复苏地蛰虫，春天万物百花开。

　　在指导农耕之外，二十四节气也广泛应用在渔猎活动上，生活在乌苏里江沿岸的赫哲族人，以秋天"五花山"作为捕大马哈鱼的标志，以野玫瑰开花作为捕产卵期的鲤鱼的标志；而生活在云南贡

山的独龙族人，安排春耕春播时间是在桃花期和布谷鸟求偶期，桃花将开时播种早熟小米，桃花盛开时下种晚熟小米和玉米。

作为最早结合天文、气象、物候知识指导农业活动的"神奇指南"，二十四节气指导着传统农业生产和日常生活，并因此形成了很多节令农谚。如"种田无定例，全靠看节气""小暑起燥风，日夜好天空""收秋一马虎，鸟雀撑破肚"。

随着科技日新月异，二十四节气的"指南神力"逐渐褪去，人们利用科学实现了对天气和气候的中长期预报，从科学角度指导农事活动，提示千家万户的衣食住行。2016年11月30日，二十四节气正式列入联合国教科文组织人类非物质文化遗产代表作名录，被誉为国际气象界的"中国的第五大发明"。

看一眼
就记得住的地理学常识

二十四节气农谚

一月小寒接大寒，二月立春雨水连；惊蛰春分在三月，清明谷雨四月天；五月立夏和小满，六月芒种夏至连；七月小暑和大暑，立秋处暑八月间；九月白露接秋分，寒露霜降十月全；立冬小雪十一月，大雪冬至迎新年。抓紧季节忙生产，种收及时保丰年。

4 在现实生活中，
收集气候变化的证据

1994年至2017年间，全球共计失去了28万亿吨冰；

北冰洋和南极海冰正在迅速减小范围和厚度，冰川加速融化；

喜马拉雅山、阿尔卑斯山、落基山脉、非洲乞力马扎罗山的冰川积雪量正在提前融化，冰川出现退缩；

珊瑚漂白，鲸鱼集体落在岸边。

……

众所周知，全球变暖是气候变化最直接有效的证据和结果，人类活动是导致气温上升的"罪魁祸首"。2023年8月24日，日本启动第一轮核污水排放，核污水中的碳-14、钴-60和锶-90等具有高度放射性的元素一旦入海将影响海洋生物的生长和繁殖，甚至导致生物异变，对海洋生物造成不可逆转的伤害，严重影响整个海洋生态系统的稳定和平衡。

而随着冰川积雪融化，气温升高，地球变暖，飓风（台风）和野火极端事件的发生，天气和环境也开始发生变化，那这些气候在变化前还有哪些痕迹呢？

看一眼就记得住的知识点

气候变化前都有哪些痕迹呢？

1985年5月，南极考察科学家首次发现南极上空出现臭氧层"空洞"，之后每年的8月下旬至9月下旬，距离南极20千米高度的臭氧总量开始减少，10月初出现面积达2000多万平方千米的最大空洞，完全覆盖着整个南极大陆及南美的南端，到了11月，臭氧才重新增加，空洞消失。这种"空洞消失术"其实是臭氧量累积到一定的量，填补空洞，而不是臭氧空洞"完好如初"了。

造成南极上空出现臭氧空洞的主要因素是人类大量使用了氟利昂，这种物质在低温加压情况下呈透明状液体，具有持续的化学稳定性、热稳定性、容易变化等特点，广泛用在制冷剂和雾化剂上。夏季炎热时，氟利昂在空调的运作下，大量排放到大气中，

导致大气中的紫外线分解，因南极温度极低，大气环流系统处于封闭状态，从而导致臭氧分解，形成臭氧层空洞，使阳光中的紫外线辐射到地球表面的量大大增加，从而产生一系列严重危害。过量的紫外线辐射会破坏物种的基因，严重时会导致物种产生突变和出现遗传病。

地球上生命生存与二氧化碳的关系至关重要，植物的光合作用离不开它，人类和动物吸入氧后呼出的是它，两者正向循环，不会破坏大气中二氧化碳的平衡。而自工业革命以来，大气中二氧化碳含量增加了50%，使全球气温升高，产生了温室效应。

温室效应造成了"失踪的岛屿"。1831年7月的一天，西西里岛南边一处海底不时传来隆隆的响声，海水翻腾汹涌，弥漫的水汽不久被一股烟柱冲散，而后形成蘑菇状的气云。七天之后，西西里岛南边海域海面上升起了一座小岛，第二个七天之后，小岛已高出海面20米，这就是卫星图上称为"失踪的岛屿"的格雷姆岛。

位于澳大利亚东北方向，由数百个岛屿组成的所罗门群岛海平面却因温室效应的影响导致在 20 年的时间中上升了 15 厘米，已有 11 座岛屿彻底被海水侵蚀吞没，成为卫星图上名副其实的"失踪的岛屿"。

阿拉斯加的萨里舍夫岛（Sarichef）居住着 200 名因纽特人，周围环绕着楚科奇海，是在地球上最恶劣天气条件下幸存下来的村子，但由于全球气温上升，海水冻结较少，岛屿和村民居住的冻土开始融化。

位于澳大利亚和夏威夷之间的波利尼西亚，由于气温升高，受不断上升的海平面和海水侵蚀的影响，正在渐渐下沉。

许多低洼地区、岛屿或沿海城市因受气温升高，冰川融化，全球变暖因素的影响，全都面临着被海水吞没的潜在威胁。

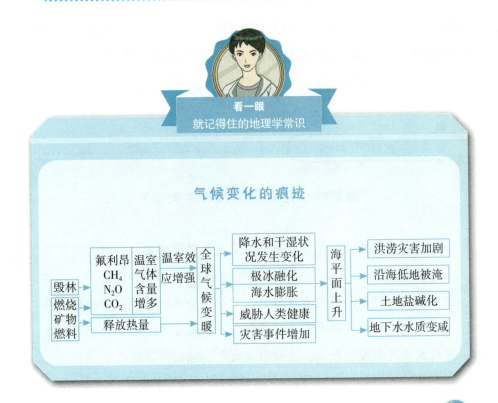

看一眼
就记得住的地理学常识

气候变化的痕迹

毁林 / 燃烧矿物燃料 → 氟利昂 CH₄ N₂O CO₂ 温室气体含量增多 / 释放热量 → 温室效应增强 → 全球气候变暖 → 降水和干湿状况发生变化 / 极冰融化 海水膨胀 / 威胁人类健康 / 灾害事件增加

海平面上升 → 洪涝灾害加剧 / 沿海低地被淹 / 土地盐碱化 / 地下水水质变咸

5

全球变暖：一种普遍存在的温室效应

你知道屁吗？那你知道温室效应竟然和牛羊的屁有关吗？尤其是羊屁，它不仅能变暖地球还能推动气候变化，可谓温室效应的"罪魁祸首"。这是因为羊属于牛科，牛羊都吃草，最后都会通过打嗝和放屁排放甲烷等气体，而甲烷是温室气体的主要组成部分。

看一眼就记得住的知识点

温室效应究竟是怎样发生的呢？

温室效应又称"花房效应"，是大气保温的俗称，对大气下层和地表起着保温作用，主要温室气体有 CO_2、N_2O、CH_4 等，这些温室气体对辐射的吸收有选择性，它们只会吸收长波红外辐射，而太阳光线中的红外线主要是短波红外线，地球升温后向外辐射的红外线主要是长波红外线，进而形成大气、地面升温的现象。

　　形成温室效应的直接原因是现代工业化社会过多燃烧石油、煤炭、天然气以及砍伐森林，焚烧时产生和释放了大量的二氧化碳，使其进入大气，而森林减少又影响了对二氧化碳的吸收。

　　温室效应使得大气中温室气体的浓度急剧升高，全球气温升高，气温升高所释放的热能，成为海洋和空气的动能，台风（飓风）、海啸、雷暴等极端天气凭"碳"而落。极端天气一方面会直接破坏地球上的建筑物、威胁地球生物的生命安全，另一方面会引发次生灾难，如泥石流、山体滑坡等。

　　全球气候变暖虽然是一种自然现象，但究其原因是温室气体不断积累，导致地气系统吸收和发射的能量不平衡，地气系统积累了源源不断的能量，进而导致温度上升。

全球变暖会引起海平面上升，威胁沿海低洼地，引发世界各地降水、干湿状况变化，进一步影响世界各国经济结构的变化，影响结果是长期的，大范围的，甚至是整个生态系统都会被其威胁。

不仅如此，科学家经研究后认为，影响地球生物的病毒可能隐藏在冰块之处，当温室效应按下全球气温上升键，冰川融化，这些藏在深处的经过亿万年时间洗礼的原始病毒得到召唤，可能会复活形成疫症，而人类目前对原始病毒尚无抵抗能力。由此可见，温室效应可复活史前致命病毒，严重威胁人类的生命健康。

除冰川融化外，海平面上升的另外一个原因是海水受热膨胀导致海平面上升，地球表面积约为5.1亿平方千米，海洋总面积约为3.6

亿平方千米，约占地表总面积的 71%。《联合国海洋法公约》规定，一国可对距其海岸线 200 海里的海域拥有经济专属权，可见海洋事关人类生存发展，具有重要的战略地位。

温室效应还加剧了土地沙漠化，这个全球性的环境问题一直备受人们关注，中国已经有 1200 万公顷的土地受气候影响变成了沙漠，而在地球上最不适合人类生存的撒哈拉沙漠仅南部就每年大约向外扩展 150 万顷，全球每年有 600 万公顷的土地"沙漠化"，给农业造成的损失不计其数，土地沙漠化也使得地球生物的生存空间被不断压缩。

如果人类一直开采和使用地球内部的能量，也会导致氧气小于温室气体的摩尔质量，最终地球的环境状态将再次回到 10 亿年前缺氧的状态，我们人类将无法生存。

全球变暖，亚马孙雨林面临着逐渐消失的危险，南极冰盖融化，海水盐度降低，"大洋输送带"会逐渐停止运转，暖流不再到达寒冷海域，届时全球温度降低，暴风雨和龙卷风横扫大陆，新的冰川期来临。

全球降雨量可能会增加，有的地区会有更多雨量，有的地区雨量会减少，水循环受其影响，地面水源压力将会加大。

看一眼必须收藏的知识点

七个有效减少温室效应的措施

自1850年以来，根据专业部门的报告，地球平均气温已上升，预计到21世纪末，可能会上升3摄氏度以上。构建全球人类命运共同体，我们一定要采取有效的减排措施，减缓温室效应。

一、绿色出行，节煤节电，从根源上尽量减少二氧化碳气体的排放；

二、减少煤和柴油等碳量高物质的燃烧，减少碳粒粉尘等物质的排放；

三、尽可能少用或禁用含氟氯碳的物质，根据预估可将温室效应降低3%；

四、大规模种林、造林，保护森林，促进森林再生，可将温室效应降低7%；

五、使用油电、气电两用车，改善热机的主要燃料；

六、改善和提高各种场合的能源使用效率；

七、增强节省意识，研究开发化石燃料的替代品。

看一眼
就记得住的地理学常识

温室效应

大气具有允许太阳短波辐射透入大气低层，并阻止地面和低层大气长波辐射逸出大气层的作用。这种作用使大气温度保持较高的水平，而工业化则使此作用增强。

阳光

30% 被大气层反射

大气层

5%
逸出大气层

20%
通过温室气体作用被大气层吸收

存留于大气中被"困住"的这部分能量导致温度上升

地面温度升高放射出的红外线 **95%**

被地面吸收 **50%**

能源消耗
13%

农业生产
16%

废物排放等
3%

工业生产
21%

建筑
20%

交通
27%

促成温室效应产生的人类活动比重

加重温室效应的气体		危害比重 %
CO$_2$	二氧化碳	69.6%
CH$_4$	甲烷	12.4%
N$_2$O	一氧化二氮	15.8%
CFC	含氯氟烃	2.2%

6　气候过渡区：我家住在黄土高原

　　"我家住在黄土高坡，大风从坡上刮过，我家住在黄土高坡，日头从坡上走过……""山坡坡的风，山沟沟的水，土坎梁上站着个俏妹妹。古老的土窑洞依然还在，这里藏着我深深的爱，黄皮肤黄土地黄河水……""六盘山高，黄河宽，山丹丹花开红艳艳。乌金原油滚滚流，油油的庄稼满山川，塞上的江南多美丽呀……"你能说出这些耳熟能详的民谣唱的都是哪些地区吗？

　　三首民谣都有一个共同点：黄土、山沟、黄河、山川，黄是照耀这片大地的颜色，更是诞生这块土地文明的颜色。

　　它，位于中国中部偏北部，有着世界上最大的黄土堆积区，东起太行山脉，西至乌鞘岭，北连内蒙古高原，南抵秦岭，东西长1000余千米，南北宽750千米，包括山西、陕西、甘肃、宁夏和青海等（其实还有内蒙古一部分），它就是黄土高原，一处被风吹来的文明摇篮。黄土高原是迄今为止被发现的历时最长（约2000万年）、最完整的陆地古气候记录者之一。

看一眼就记得住的知识点

什么是黄土，为什么说黄土高原
是风出来的文明摇篮？

　　第四纪时期（新生代最新的一个纪，生物界已进化到现代面貌，灵长目中的一部分完成了从猿到人的进化过程），由于当时青藏高原的存在和抬升，阻挡了西风环流，大陆内部的气候变得越来越干燥，在干冷气候条件下风尘生成迅速，进而形成了风尘堆积物，这就是黄土高原原生黄土，次生黄土是原生黄土在河流的冲刷和沉积中改造形成的产物。

黄土土地疏松，厚度均匀，具有较强的强度，土体遇水后会随着矿物溶解、分散、崩解。黄土中含有 60 多种矿物质，石英占重量的 50% 左右，碳酸钙占 10% 左右。在风力助推下，在干旱半干旱条件的配合下，风吹出了黄土，这个风成堆积物占据了 63.5 万平方千米，原生黄土 38.1 万平方千米，次生黄土 25.4 万平方千米。

新构造运动比较活跃的区域非黄土高原莫属，第四纪以来黄土高原抬升幅度在 30~150 米，使高原内部间歇性地大面积整体抬升，土地的整体抬升为河流侵蚀地貌提供了基础，也加速了土壤侵蚀的过程。高原内部的六盘山因此形成。

由于黄土高原地势西北高、东南低，呈波状下降，黄土高原以六盘山、吕梁山为界，分为东部、西部、中部三部分，六盘山以西部分的海拔 2000~3000 米，是整个黄土高原地势最高的地区。

由于黄土高原位于中国第二级阶梯之上，海拔 800~3000 米，地势上由西北向东南倾斜，位置上从沿海向内陆过渡，地形上从平原向山地过渡，气候从亚热带向暖温带过渡，属暖温带大陆性季风气候，气温年平均温度为 3.6~14.3℃，夏季暖热，冬季寒冷干燥，降水稀少，年蒸发量 1400~2000 毫米，蒸发普遍高于实际降水量，因此大风和沙尘暴日数多。

虽然黄土高原降水量少，但它的水系以黄河为骨干，千百年来黄土借助黄河的能量孕育了中华民族，追溯至先秦，黄土高原南部分布着新石器时期文化遗址，到了汉唐时期，农业发展冲出了第一个高峰，后又达到鼎盛时期，汉画像成为这一时期的农耕文化的见证者。宋元时期，战争焦灼，黄土高原成为兵家必争之地，随着人口数量的变化，明清时期的黄土高原居民有从南方迁徙的，也有本土的，这使得黄土高原上原本的丘陵沟壑区演变成了农耕区。

斗转星移，沧海桑田，虽然黄土高原在不同时期的巅峰状态不同，但不变的是黄土高原之上的丘陵和沟壑还是孕育了黄土独特的文化。沟沟壑壑之上的窑洞是这种文化直接的见证，具有十分浓郁的民俗风情和乡土气息。陕北有土窑洞、石窑洞、土基子窑洞、柳椽柳巴子窑洞和接口子窑洞多种，窑洞是原始居穴的升级版，是陕北人一种古老的民居形式。

看一眼**必须收藏的知识点**

黄土高原是气候过渡区，为什么？

就地理环境而言，黄土高原处在沿海向内陆，自南往北跨越暖温带和中温带两个热量带，从东向西横贯半湿润、半干旱两个干湿区；就气候而言，黄土高原大部分位于温带季风气候区，北部小部分地区属于温带大陆性气候，西部和北部地区气候则是温带半干旱气候。

黄土高原的气候受经度、纬度的影响，也受地形的制约，有着非常典型的大陆季风气候特征。其特点是冷空气来自高纬度大陆区，吹偏北风，冬季寒冷干燥。夏季，陆地因受印度热低压控制，风从印度洋吹来，吹偏南风，湿热温暖。整体风向更替明显，气温变化显著，气温年较差和日较差较大，年降水量分配不均。春季，由于冬季风衰弱减退，来自太平洋的暖湿气流较弱，难以影响该地的大气和土壤，导致土壤干旱明显，春旱现象严重。秋季，南退的暖湿海洋气团被秦岭阻挡，形成锋面降水，因此造成黄土高原夏秋多雨，冬春季干旱少雨的降水特征，年降水量150~750毫米，其中夏季7月至8月多暴雨，9月多连阴雨，暴雨是造成黄土侵蚀地貌、水土流失、泥石流、洪涝的重要原因。

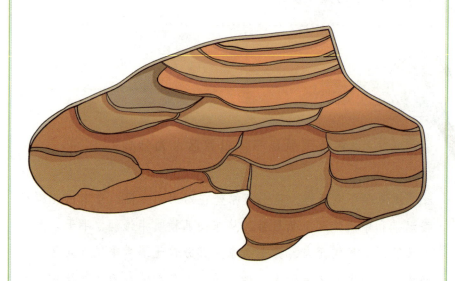

另外从农业和植被等维度上看，黄土高原的南北地区有明显差异，自然环境变化复杂，地势西高东低，将黄土高原分成了山地区、黄土丘陵区、黄土塬区、黄土台塬区、河谷平原区，地貌受流水侵蚀形成塬、梁、峁、川等多样的地貌景观，因此黄土高原正好处于我国的一个过渡区域。

　　黄土高原上的森林资源贫乏，属于典型的少林地区，森林覆盖率的走向由北向南依次升高，主要分布在东南区、土石山区上，森林覆盖率为 7.16%，远低于世界平均水平 32.3%，不仅如此，灌木含量在内的森林覆盖率也低于中国平均水平，林业用地面积 972.33 万公顷。

　　除了森林资源，黄土高原全区草场占地 3.5 亿亩，约占总面积的 1/3，草场植被呈现植物群落结构简单、草层低矮、稀疏的明显特征，基本植物多属于旱生。黄土高原地区草场，主要集中分布在黄土丘陵区和风沙区，气候干旱，风蚀、水蚀十分严重，自然灾害频繁。

　　黄土高原用黄河水灌溉，气候多变，因此多生产苹果、梨、枣、核桃、葡萄等经济价值较大的作物，共达 3500 多种。如甘肃的玫瑰，陕西的薰衣草，宁夏的甘草。当然，文明的发祥之地也高产矿产资源，已知的有储量的矿产种类 77 种，包括能源矿产、金属矿产和非金属矿产，全国 45 种主要矿产中，黄土高原占据了 34 种，其中煤炭资源储量大，产量占中国的 70% 以上，分布在大宁、沁水、准格尔等特大煤田。

　　但随着人类修路、采矿等活动，破坏了黄土高原的地表，毁林、陡坡开垦破坏了地表的植被，黄土高原成为世界上水土流失最多的地区之一。

第 三 章

地球热衷于奇妙的地壳运动

1 是谁分割了地球的板块？

大陆漂移学说认为，地球上所有大陆在中生代以前曾是统一的巨大陆块，由海洋包围着，之后由于地球自转产生的惯性离心力，导致大陆发生从两极向赤道的离极运动，由于日月对地球的引力产生的潮汐作用，导致大陆向西运动，在2亿年前的中生代初，使泛大陆漂移上升，之后缓慢漂移分离成今天的七大洲，把完整一体的岩石圈"崩"得四分五裂。

看一眼就记得住的知识点

那到底是谁分割了地球的板块呢？

地球自诞生以来始终保持着运动状态，当时的它还是一个联合的整体，直到超大陆荒地——罗迪尼亚古大陆的出现，这块存在于11.5亿~7亿年前的陆地形成的原因是当时地球"哗"地缩成雪球状态，全球温度极度下降，板块之间因承受不了极寒气温，于是互相碰撞、撞击、分裂、重构，最终在 7.5 亿年前成为被超级海洋米洛维亚洋环绕的超大陆。

极寒气候下的低温促使大陆分裂效应增强，地球内部的地热能的热量骤升达到一定峰值后，大陆开始分裂，温度较高的岩石由于密度小变成了海洋中较低位置的存在，周遭较高位置的岩石则由于温度低得以保持稳固、不融化的状态，形成了冰川。

随后超大陆罗迪尼亚古大陆分裂成不同板块，它们再次碰撞挤压，形成了史前（6 亿~5.4 亿年前）超大陆潘诺西亚大陆。接着在数亿年的时间内，板块们碰撞、挤压、重构，形成新的大陆、海洋，形成了今天大家看到的七大洲（亚洲、非洲、欧洲、南极洲、北美洲、南美洲、大洋洲），四大洋（太平洋、大西洋、印度洋、北冰洋）。

总而言之，构成地球表面的岩石圈不是整体一块，而是分裂成不同板块，板块和板块之间相互吸引、运动，而且不同性质的构造在运动过程中产生不同的地质现象，如地震、火山、矿山等。全球大陆有六大板块，唯独太平洋板块几乎都是海洋。

板块运动的能量从哪里来的呢？

地球运转不停，板块运动不息，海陆面貌变化不断。板块虽然实际上是岩石圈，但彼此之间没有大陆板块和海洋板块的划分，而且板块运动是在位于地表以下 70~100 千米厚的岩石层地带发生的一板块相对于另一板块的运动，根据地质学家的预测，大板块每年还可以移动 1~6 厘米，到底是谁在输送板块运动的能量呢？

目前认可的说法是板块运动能量来自地球内部地幔中对流的物质。20 世纪 70 年代有个国家曾为探究板块运动的内部力，利用钻井钻穿了地壳，并在地幔中发现了存在着的滚烫的液体，从而证明了板块运动的能量源自地幔。

板块运动形成了哪些地质现象呢？

地幔内部的能量，促使板块缓缓移动，而在分离或汇聚进行能量交互的地方，板块相互挤压形成了山脉，相互背离形成裂谷，相互平行移动形成断层。板块与板块间的相对运动改变了地球的地形，如东非大裂谷、喜马拉雅山脉、大洋洋脊、圣安地列斯断层等地貌，也导致地球物质的循环。

　　板块边缘是板块运动最活跃的地带，也是全球地震带的主要发生点，全球主要有环太平洋地震带、欧亚地震带和海岭地震带。我国发生的地震大多数是板内地震，主要发生在我国西部、青藏高原以及周边地区。板块运动直接影响着我们的生存环境，了解板块的发展与变化，顺应发展，才能做好抗震设防。

看一眼
就记得住的地理学常识

七大洲	地理位置	地形特点
亚洲	横跨南北半球	地形复杂多样，面积广大，地势中部高、四周低，以山地、高原为主，山脉有喜马拉雅山、昆仑山脉、阿尔泰山脉
非洲	东半球西南部	地形单一，地势东南高、西北低，以高原为主，为世界第二大洲，有东非大裂谷、东非高原、撒哈拉沙漠
欧洲	东半球西北部	地形具有独特性，以平原为主，海岸线曲折，山脉有阿尔卑斯山脉

续表

七大洲	地理位置	地形特点
南极洲	完全位于南半球	海拔最高的冰原大陆，四周濒临太平洋、印度洋和大西洋，有煤矿、石油、天然气等资源
北美洲	完全位于北半球	西部高大山地，东部山地高原，中部平原，是全球地震频繁和多强烈地震的地带
南美洲	西半球、南北半球	高原、平原相间分布在东、中两部分，西部山地火山较多，为地震频发的洲，山脉有安第斯山脉
大洋洲	横跨东西半球	东部山地、西部高原、中部平原，为世界上最小的一个大洲，陆地分散

2 火山也会偷懒休眠？

　　《西游记》中唐僧师徒一路西行，途中路过一座火焰山，那山有"八百里火焰，四周围寸草不生，若过得山，就是铜脑盖、铁身躯，也要化成汁"。边塞诗人岑参曾作诗《经火山》云："火山今始见，突兀蒲昌东。赤焰烧虏云，炎氛蒸塞空。"都是发生在边塞新疆，也都描写了温度极高、无法生存的外部环境，所说的"火焰山"是地下岩浆喷发活动形成的吗？是咱们地质学家研究所指的火山吗？

火山是由熔岩、火山碎屑形成的地貌景观，通常是中央高、四周低的锥形山峰，形如一只倒扣的漏斗。根据喷发时间可分为活火山、休眠火山、死火山。

火山主要形成在板块交界处，岩石在高温下熔化而形成岩浆，岩浆是火山喷发的关键，它的形成分为温度降低、压力减小、加入挥发性成分三种情况，基于此火山喷发可分为溢流式喷发和爆炸式喷发，岩浆的温度在一定程度上影响着火山喷发前兆。

当高热的岩浆大量聚集在地下，周围温度开始升高，火山脉动持续加强，房屋震动，地震发生，大量的生物从潮湿的下水道倾巢而出，空气中弥漫着一股臭鸡蛋的气味，随后我们将见证到火山喷发的奇妙现象。

火山活动喷发的物质不尽相同，通常有爆破的岩块、碎屑、火山灰；在喷出的液体物质中，通常有熔岩流、水、汇合火山灰的泥流等；而喷出的气体物质中，有臭鸡蛋气味的硫、水蒸气、碳、氢、氮等氧化物。

当然，火山喷发时会引起一种剧烈的闪电现象，这被称为"火山闪电"，一方面是由于火山喷发时形成的巨大烟流中，火山灰、岩块和冰晶摩擦碰撞产生电荷，但在地球的重力作用下分开；另一方面是来源于岩石破碎时与火山灰颗粒摩擦，抑或岩浆与火山口摩擦，从而形成了火山烟流的电荷。

另外，火山有时候会"长头发"，夏威夷基拉韦厄（Kilauea）火山曾被拍摄到一种纤细的琥珀色的毛，这是由于高流动性的熔岩在火山喷发时，玄武质熔岩在空气中拉伸且冷却，从而形成玻璃质地的细丝。熔岩在飞溅过程中，也会形成类似泪滴状的小球。火山喷发时产生的细丝约1微米，轻且容易折断，它们常在低洼的地方隐匿起来，累积成毯并覆盖地面。

火山也会偷偷休眠吗？

在地壳之下 100~150 千米的地方，有一个软流层，那里有耐高温、耐高压含挥发性气体的硅酸盐物质，这个物质也就是岩浆。它一旦从地壳薄弱的地段冲出地表，火山就会爆发。但岩浆也不是一直积蓄能量等待爆发的，它偶尔也会休养生息，长时间保持相对静止的，我们称此类火山为"休眠火山"，如日本富士山；还有的火山是以前喷发过，但现在没活动，这类火山称为"死火山"，如合肥大蜀山；此外，还有一种时不时喷几下，彰显力量的"活火山"，如圣海伦斯火山。

火山活动是一种宇宙自然现象，月球、金星、火星上也有火山活动。

火山喷发会冲毁道路、桥梁，淹没乡村和城市，此外还会导致山体滑坡，喷发出的腐蚀性物质还会形成"火山烟雾"，对人体造成危害。但是火山也造就了地热资源，也就是现在国家倡导的新能源。地热能是天然热能，无污染，清洁可再生，现已广泛应用在发电、制冷、供暖等多方面，是未来能源结构发展的强大支撑力！

看一眼
就记得住的地理学常识

死火山	休眠火山	活火山
阿空加瓜山	长白山天池	维苏威火山
喀拉喀托火山	琼北火山群	皮纳图博火山
埃尔贡山	伊甸山	黄石公园超级火山
合肥大蜀山	富士山	西班牙泰德峰火山
黑龙江五大连池火山	乞力马扎罗山	莫纳罗亚火山

3 地震，仅仅是地球在发脾气吗？

公元132年，东汉科学家张衡发明了世界第一架地震仪——地动仪，分东、南、西、北、东南、西南、东北、西北八个方位，每个方位上下分别是龙头和蟾蜍，任何一个方位发生地震时，龙头里的龙珠即刻落入蟾蜍口中，根据龙珠掉落的方位，可测出地震发生的方向。根据《后汉书·五行志》记载，汉朝东汉时期，地震频发，为什么会发生地震呢？地震，仅仅是地球在发脾气吗？

看一眼就记得住的知识点

为什么会发生地震？

就塌陷地表而言，是地球运动诱发了地壳不断运动变化，这些变化在运动中积累了巨大能量，催动且强作用于地下岩石，岩石承

受不了这种强力时，就发生了错动、破裂、塌陷，因此形成地震。

　　地震通常发源于地下某一点，这个点成为震源，震源开始震动，在地球中传播，离震源最近的地面一点叫震中，它是接受震动最早的部位，同样大小的地震，根据震源深度的不同，引发的破坏程度也不相同。即震源越浅，破坏就越大，波及范围越小，反之亦然。

　　根据诱发成因的不同，地震的类型也不同。构造地震，诱因是地壳板块相互作用而引起的活动；火山地震，诱因是火山活动；塌陷地震，诱因是固岩层特别是石灰岩塌陷引起的活动。其中构造地震波及范围广，次数多，对人们的生命财产造成的损失也较大。

　　地震是一种普通且常见的自然现象，但其释放的巨大能量能摧毁、破坏人类的生存环境，因此古人总结出了一套预测地震民俗谚语，如"天旱井水冒，无雨水变浑，翻花冒气泡""骡马牛驴不进圈，猪不吃食狗狂叫，鸽子惊飞不回巢，蜜蜂惊巢蜇人畜"等，以此提前做好地震灾害防御和应对准备。

看一眼 必须收藏的知识点

地震仅仅是地球在发脾气吗？

　　简单来说，地震是地球表面简单运动，是地球内部发生的急剧破裂产生的震波，引起地面一定范围的震动现象，古代称为地动。因此，大地震动是肉眼可见，最直观、最普遍的地震表现。

　　由于地球无休止地进行着自转和公转，转动影响着内部物质的分异，因此处在地表的地壳抑或岩石圈也同步进行着生成、演变、运动三部曲，这就促成了全球性地壳构造运动。若地壳运动在海底爆发，震波则会在海底四处扩散，从而引发海底地形变化，掀起滔天巨浪，这种海底运动称为海啸。全球每分钟会发生约十次地震，极具破坏性的海啸平均约六七年一次。

全球的地震分布不是均匀的，而是具有一定规律性，受地球板块运动影响，主要分布环太平洋地震带、亚欧地震带、海岭地震带上。如日本地处亚欧板块和太平洋板块交界处，因此火山、地震活动频繁。

我国位于亚欧大陆东南部，东临太平洋，也是受地震灾害严重的国家，按照地震活动强度和频度，我国分为三类地区，地震强烈区包括台湾、西藏、新疆、甘肃、青海、宁夏和云南等；中等地区包括山东、陕西、吉林延吉地区、福建沿海等；微弱地区包括江苏、浙江、赣州、湖南、湖北、河南、川东、黑龙江、吉林及内蒙古大部分。

对于我国而言，地震应做到防御和救治相结合，提高人民的警觉意识，增强建筑物的抗震能力，做好地震监测预报，最大限度减轻由地震引发的灾害以及二次灾害。

看一眼必须背会的知识点

地震是内外力结合的产物

岩石圈 $\xrightarrow[\text{超过岩石承受限度}]{\text{内力作用}}$ 破裂 $\xrightarrow[\text{地震波}]{\text{内能释放}}$ 地面震动（地震）

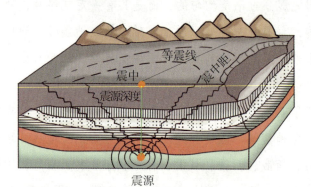

4 喜马拉雅山脉，是板块撞击的产物

  位于西藏山南市的羊卓雍措，是西藏三大圣湖之一，也是喜马拉雅山脉北麓的内陆湖泊，湖面海拔4400多米，湖泊东西长130千米，四周雪山高矗，湖中孕育着多种多样的生物物种，浮游生物异常丰富，是一个富饶的天然"聚鱼盆"，堪称大自然鬼斧神工的艺术杰作。该湖大约亿年前，因冰川泥石流堵塞河道而形成，因此形状分布不规则，湖岸曲折蜿蜒。

  在藏族民间传说里，几亿年前，喜马拉雅山区还是海洋，海涛卷波浪，浪搏击海岸，森林之中生灵跳动。有一天海里出现了一头巨大的五头毒龙，搅乱了森林，摧毁了河流，灾难降临在生灵头上。就在此时天空突然飘来了五朵彩云，制服了五头毒蛇，海水恢复了平静，五朵彩云变成了喜马拉雅山脉的五个主峰：祥寿仙女峰、翠颜仙女峰、贞慧仙女峰、冠咏仙女峰，以及施仁仙女峰，而翠颜仙女峰即那座世界最高峰——珠穆朗玛峰。

喜马拉雅山脉是怎样形成的呢？

从地图上看，喜马拉雅山脉，近东西向展布，呈向西南突出的弧形，是世界海拔最高的山脉，全长约2450千米，宽200~300千米，主峰即珠穆朗玛峰。

如果把喜马拉雅山脉横切剖开，可分为4条纵向的平行的宽度不同的山带，它们从南至北被命名为外或亚喜马拉雅山脉，小或低喜马拉雅山脉，大或高喜马拉雅山脉，以及特提斯或西藏喜马拉雅山脉。这片山脉孕育着难以计数的生物物种，堪称生命的乐土，但在很久以前，这里只是一个巨大的海洋，地表被大量的海水覆盖。

直到约5000万年前，印度板块和亚洲板块发生碰撞，喜马拉雅开始了造山运动。两个大陆板块碰撞后，印度大陆开始向亚洲大陆之下俯冲，短兵相接之处，表层岩石褶皱、断裂、高温变质、堆叠、挤压，垂直方向上增厚剧烈，水平方向大幅度缩短，于是世界上最年轻、最高的山脉应运而生，这条山脉主脊平均海拔超6000米，占据着全球14座8000米独立山峰中的10座，169座7000米独立山峰中的83座。

相对于地球形成历史而言，喜马拉雅山脉整体还比较年轻，根据科学家的研究结果，喜马拉雅山脉每年以5厘米的速度继续生长，至今处于缓慢而快速的隆升阶段，目前印度大陆仍在不断地向北运动与挤压，导致主峰珠穆朗玛峰平均每年增高约1厘米，而碰撞的地方拱起了青藏高原。

这 5 厘米的速度对于全球的地质板块而言属于高速运动了，这必须积蓄着巨大的能量，而地球释放能量的方式除了火山爆发，就是震动地心了，所以喜马拉雅山脉地带也是世界上最活跃的地震带之一。比如 2023 年 11 月 4 日起，三天内尼泊尔两次爆发 5.0 级以上地震；2023 年 10 月 7 日，阿富汗西部赫拉特省发生 6.2 级地震；2023 年 2 月 5 日，土耳其发生 7.8 级地震，地震造成了诸多人员伤亡和财产损失。

如果把地质时代隆起的喜马拉雅山比作一道高大雄伟的城墙，这条山脉镇守着中国的西南边陲，横亘在南亚、中亚、东亚的接壤地带，是地球之巅，也是青藏高原与南亚次大陆之间的一道天然障碍。因纬度低、基带海拔低，又加之南亚暖湿气流的滋润，形成了北方青藏高原与南方南亚次大陆之间迥异的地理环境，孕育出了从热带丛林到高山冰雪带的完整的热带季风山地垂直自然带，囊括了从热带到极地的世界气候全貌。

而那贯穿主脊线的沟谷早在 7 世纪，就成为南北交流的通道，大唐使者曾途经此地出访印度，尼泊尔尺尊公主从这里嫁入吐蕃。同时作为地球的"第三极"，厚重冰川为全球人类带来了生命之源，进而造就了独特的文化，也改变了亚洲的文明进程。

喜马拉雅山脉缓慢成长中

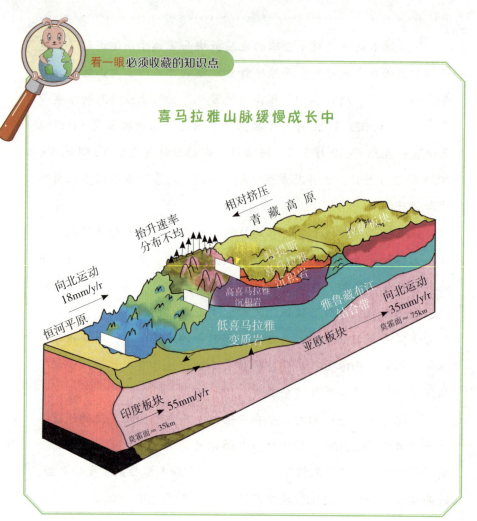

5 地球，一个富有的宝石生产商！

天上不会掉免费的馅饼，但会掉珠宝，而且在木星和土星上还有真正的宝石雨，我们地球有多少宝石呢？

首先宝石是地球的一种特别的矿物。我们地球的地壳，都是由矿物构成的。矿物是具有一定的晶体结构和一定的化学成分的均质固体物质，是自然生成的无机物质。比如，我们生活中常见的玄武岩，就是由斜长石、辉石、橄榄石等矿物构成；常见的花岗岩石，是由石英、长石、云母等矿物构成。

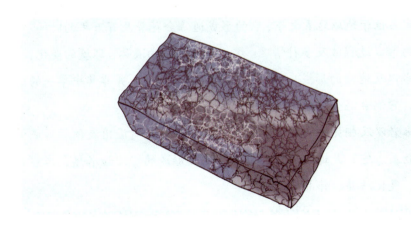

矿物的形成必须具备以下几个条件：首先，它们在地表常温下，必须是固体的状态，我们常见的水银除外；其次，矿物必须具有规则的晶体结构和明确的化学成分；再次，矿物必须是无机物，不能是有机物；最后，矿物不能是生物。

美丽的宝石绝大部分就是这些矿物中的一种由单一原子构成的单质矿物。比如，我们常见的钻石，就是碳（化学符号为C）的结晶体；黄金是由金（化学符号为AU）元素形成的矿物。

并不是所有的单质矿物都是宝石。矿物中的有色元素必须具备美丽的光泽，矿物本身必须具有耐久性、稀缺性，如此才有可能成为宝石。此外，我们常见的珍珠、琥珀等，虽然也都很美丽，但它们并不是无机矿物，而是由生物的有机物构成的。

看一眼就记得住的知识点

璀璨宝石是从石头里蹦出来的吗？

宝石位于地球地表之下，它的形成通常会花费几百万年的时间。它们的形成过程涉及多种情况：熔岩以及相关的液体、环境的变化，地表水以及地幔的形成。然而，很多宝石的形成，并非其中单一的过程，它们会混合几种情况。

熔岩以及相关的液体，是指由岩浆或者岩浆所溢出液体所形成的矿物质。它们是通过地球内部深层地热形成的。比如水热、岩浆结晶、气化结晶、伟晶岩。

我们常见的红宝石、石榴石、锆石、蓝宝石，就是岩浆在进入地壳流向地表时，一部分岩浆由于压力与温度太低不足以形成结晶便被冷却形成的。

我们常见的石榴石、黄晶石（又名托帕石）、尖晶石，就是一些气化晶体。在火山喷发的过程中，一些上升岩浆因受到压力而速度降低，从而形成气泡。在温度与压力达到适当结合的情况下，这些气泡便会含有浓缩度较高的一些物质，也就是我们说的气化晶体。

美丽的紫水晶、黄晶、祖母绿又是怎么形成的呢？当水热与我们地球内部的岩浆互相作用时，便会形成热液。当这些热液凝固后，便与可熔解矿物或与地下水结合，形成矿脉。这些矿脉，在一定的温度、时间、压力、自然空间的相互作用下，就形成了紫水晶、黄晶、祖母绿等珍贵的宝石。

当我们地球地幔上部岩浆开始与挥发物浓缩时，岩浆冷却后会形成一个空洞。这种情况下所形成的岩石，被称为伟晶岩。我们常见的黄晶、电气石、海蓝宝石、红绿宝石便是属于伟晶岩。

火成岩是在高温条件下，由岩浆或熔岩流冷凝而成的岩石。这种岩石，冷却凝固得越慢，所产生的宝石矿物晶体就越大。美丽的碧玺、橄榄石就是属于火成岩范畴的宝石。

沉积岩是在地表或者接近地表的条件下，由砂、砾、泥质、溶解物质，经过沉积固结而形成的岩石。这种沉积岩一般成层堆积，常见的一些装饰性的宝石，例如澳大利亚有一种名为蛋白石的宝石，大部分都是产于沉积岩。

变质岩是由火成岩或者沉积岩，在较高的温度与压力的条件下，经过变化改造而成的岩石。比如，石灰石在形成大理岩时，就可能含有美丽的红宝石。

看一眼 必须收藏的知识点

宝石五彩斑斓的颜色是由什么决定的呢？

美丽的宝石都带有不同色彩的光泽。那么，这些宝石的颜色到底是由什么决定的呢？其实，宝石的颜色，取决于这些矿物岩石在地下深处形成时所混入的金属。例如，红宝石中因为混入了铬这种金属元素，便呈现出红色；蓝宝石并非只有蓝色，它含有黄色、粉色、紫色等多种色彩，这些颜色都是取决于混入其中的铁与钛金属元素的比率。

这些宝石，除了因拥有美丽的色彩光泽而深得人心外，它们还被人们赋予了一些额外的价值与意义。例如，20世纪初，12种不同的宝石被分别定义为每个月份的幸运石，一月石榴石，二月紫水晶，三月海蓝宝石，四月钻石，五月祖母绿，六月珍珠（不属于矿物宝石），七月红宝石，八月橄榄石，九月蓝宝石，十月碧玺，十一月黄玉，十二月绿松石。

宝石的形成

1. 地球增温，铁元素转化成液态，流向地心，形成地核。

3. 地壳岩石受大气和水的风化及侵蚀，产生沉积岩，沉积岩受地下排出气体和高温、高压作用发生变质，形成变质岩。

2. 重物质集中于地心，释放位能使地球增温约 2000 摄氏度，地壳从地幔中分出。

4. 沉积岩、变质岩原子、离子或分子有规律排列，形成宝石晶体。

第 四 章

形态万千的地表——
藏着一些你
意想不到的秘密

1 溶洞：大自然另类的雕刻家

　　大家看电视剧《西游记》的时候，有没有对花果山的水帘洞特别地好奇？是不是都想进去逛一逛，顺便坐一下美猴王的宝座？

　　偷偷告诉你们，我们在电视剧中看到的那个水帘洞就在贵州。没错，就在我国最大的瀑布——黄果树瀑布后面。但是呢，吴承恩写在书里的水帘洞其实是位于江苏省连云港市的花果山里。

　　这说明什么呢？这说明我们国家溶洞多啊！嘻嘻，开个玩笑。不过我们国家有很多大大小小的溶洞倒是事实。

　　现在我就教会你如何站在地面上，通过地表特征一眼判断出哪里有溶洞。

看一眼就记得住的知识点

怎样一眼判断出哪里有溶洞？

溶洞是什么呢？首先它是一个洞。不过，这种洞不是用挖掘机挖出来的，它是天然形成的。它是石灰岩被含有二氧化碳的流水溶解、腐蚀而形成的天然洞穴。

⊙溶洞

石灰岩里的碳酸钙是不溶于水的，但是当空气中的二氧化碳加入时，碳酸钙、水和二氧化碳就会发生化学反应。碳酸钙将转化成可溶于水的碳酸氢钙，碳酸氢钙在水流的作用下，随着二氧化碳和水分的蒸发又会沉积成碳酸钙，进而形成钟乳石、石幔、石花、石柱、石笋等奇观。坚硬的石灰岩就是这样一点一点被侵蚀掉的。

当这种侵蚀发生在山体内部时就形成了溶洞，比如"水帘洞"，以及更大更壮观的地下溶洞世界，它们被誉为"通向地心的大门"。

而当这种侵蚀溶解、分割了山体时，就会形成喀斯特地貌。因而溶洞还有另外一种解释：可溶性岩石中因喀斯特作用所形成的地下空间，又称喀斯特地貌。

⊙喀斯特地貌

因此当你看到某处地表有弯曲的沟壑，陡峭的丛峰、峰林和孤峰，并且石灰岩千姿百态，互不相依时，很大程度上就说明那里有溶洞。著名的桂林山水就是典型的代表。

看一眼必须收藏的知识点

中国溶洞千千万，你最想去哪一个？

中国是一个多溶洞国家，其溶洞主要分布在长城以南、青藏高原以东地区，尤以西南地区的云贵高原最为典型。著名的溶洞有桂林溶洞、北京石花洞、湖南娄底梅山龙宫、贵州织金洞、重庆芙蓉洞、湖北利川腾龙洞、河南鸡冠洞等。

湖南娄底梅山龙宫，是一个极具古代奇幻元素的世界级溶洞。

传说这个溶洞和黄帝有关，当年黄帝将九龙峰点化成了九条青龙，这九条青龙下凡后被梅山的灵秀风光吸引，在这里玩得不亦乐乎。它们在水里游来游去，然后飞到云里穿来穿去，再回到洞中跳来跳去，日子过得非常滋润，这一玩就是几千年。因此，后来的人们将这里命名为梅山龙宫。

梅山龙宫是一个集溶洞、峡谷、峰林、绝壁、溪河、漏斗、暗河等多种喀斯特地质地貌景观于一体的大型溶洞群，总共有九层洞穴。

想去吗？想去的话，那就先听妈妈的话把作业搞定吧。

看一眼
就记得住的地理学常识

只要侵蚀够，岩石也能化成"水"

溶有二氧化碳的水，会使石灰岩层被溶解，石灰岩里的碳酸钙转变成可溶性的碳酸氢钙	当受热或压强减小时，溶解的碳酸氢钙会重新分解变成碳酸钙沉淀
$CaCO_3+CO_2+H_2O=Ca(HCO_3)_2$	$Ca(HCO_3)_2=CaCO_3\downarrow+CO_2\uparrow+H_2O$

2 海底火山与岛屿的形成有什么关系？

在纪录片里我们常常会了解到一个新生命是怎样诞生的，那么你想知道一座海岛是怎么从无到有的吗？2013年11月21日，日本海上保安厅公布了一段录像，我们一起来看看吧。

⊙升腾着浓烟的新岛雏形

这是东京以南的海面上的一座日语叫Niijima（意思是"新岛"）的小岛，就是由于海底火山喷发形成的。从视频上可以看到，海底火山不断地往外喷发红色的高温熔岩，高温熔岩遇到低温的海水之后变冷，它们一层一层地堆积在海底，最后变成坚硬的岩石。

这个过程不断持续着，越堆越高，最后终于冲出了海平面，在海面上形成了一个岛屿。你以为就这样了吗？其实并不是，海底火山的野心大着呢！它根本就没有要停下来的意思，因为在岛屿中心也就是火山口的位置，还不断地涌出翻滚的浓烟、飞起的火山碎石、大量的烟尘和水汽。这说明海底火山还在持续地喷发着。

就这样，新岛不断地变大变高，终于形成了一座高25米，面积5.6万平方米的新陆地。既不用填海，也不用和别的国家发生冲突就得来了一座新的岛屿，这不就是天上掉馅饼的事吗！换谁家不高兴一辈子的呀！

看一眼就记得住的知识点

海水也浇不灭火山的热情

位于海底的海底火山，由于受到地球内部高温高压环境的影响而喷发。喷发出的熔岩冷却、凝固后形成新的岩石。熔岩不断地堆积，日积月累形成新的火山部分，当火山累积的高度超出海平面后，就形成了新的岛屿。

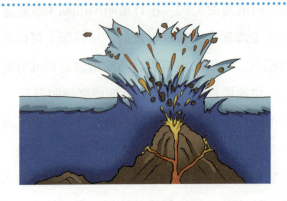

⊙海底火山喷发

通常，由海底火山喷发形成的岛屿可分为两类：

一类是玄武岩型海岛，它们通常位于大洋中央的海底火山群中，火山活动频繁。像我国福建的南碇岛就是玄武岩型海岛。岛上悬挂着140多万根玄武岩石柱，这些石柱就是海底火山爆发时形成的。

⊙南碇岛

另一种是珊瑚岛，主要由海洋中的生物珊瑚虫的遗骸堆积形成。所以你在潜水的时候可要注意了，你正在火山顶上观光呢。

看一眼**必须收藏的知识点**

为什么海水浇不灭海底火山呢？

到这里还有一个问题没有回答，那就是为什么海水浇不灭海底火山呢？其实呀，海底火山即便是位于海底，它实际喷发出的熔岩温度也是高于水的沸点的，所以，海水是没办法浇灭火山的。另外，熔岩的密度是高于海水的，它也是不会跟随海水流动的。

看一眼**必须背会的知识点**

长在火山上的两个国家

世界上 16% 的活火山都在一个国家，它就是位于亚洲东南部的印度尼西亚。印度尼西亚有 4500 多座火山，是全球火山最多的国家，也是世界上最大的群岛国家。位于爪哇岛的布罗莫火山是印度尼西亚最著名的火山之一，在布罗莫火山上你可以看到和月球表面相似的地貌，还可以观测到绝美的银河。

冰岛几乎整个国家都建立在火成岩之上，以玄武岩分布最广。这个国家有 200 多座火山，大多是比较宁静的溢流式火山。因此，你在冰岛可以围观火山熔岩。

看一眼
就记得住的地理学常识

海底火山喷发形成岛屿

⊙海底火山喷发形成岛屿

3 世界的尽头——南极洲

　　南极洲，是世界上唯一一块没有国家的大陆。200多万年了，这里几乎没有下过雨，也很少有生命活动的痕迹。如果你就此判定南极洲是一块不毛之地，那就真是大意了。因为这里曾经是美国、苏联、英国、澳大利亚等国都想捷足先登、占领一块山头的地方。原因是什么呢？

⊙南极冰盖下的超级大陆

你别以为南极洲98%的地方被冰雪覆盖住了，就除了冰，啥也没有了。其实不然，当你把这层冰盖揭开后，你会发现它下面藏着一片超级大陆。

南极洲蕴藏着丰富的资源，包括矿产和油气资源、海洋生物资源、淡水资源以及南极特种微生物资源。

简单来说，就是南极洲拥有世界上最大的煤田，有世界上最大的铁矿储藏地区。南极洲储藏了人类72%的可用淡水，南极洲有极端环境下生命形式的奥秘等。而南极洲的这些宝贵之处，也正是令一些经济、科技发达的国家垂涎它的原因。就在那些国家心痒痒时，1959年12月1日，12个国家率先签订了《南极条约》，《条约》规定南极洲大陆是属于全人类的，谁也别想占为己有！

看一眼就记得住的知识点

冰盖下的超级大陆，刷新你对生命的认知

在南极，科学家们探测到了地球上的最低温度——零下93.2摄氏度。这个温度的恐怖之处就是它能让二氧化碳瞬间变成干冰。然而就是在这样一个世界上最冷的地方，它的冰盖下却有一个超级大陆！

发掘到新大陆后，科学家们兴奋不已。他们甚至还猜想说，有没有可能这个超级大陆上有着一个封闭的生态世界呢？于是他们对南极表面的冰层进行打孔勘探，结果发现冰层下除了封冻的土地外，还有大量的湖泊，湖泊里可都是液态的湖水哦。

以世界上最大的冰下湖沃斯托克湖为例。它是1996年俄罗斯

和英国科学家在南极冰层下发现的，湖面的冰层有 4000 多米厚，湖里的水温却是常年维持在零下 3 摄氏度。这是一个低于冰点（0 摄氏度）的温度，但是湖里的水却并没有结冰。好神奇，是什么原因导致的呢？

科学家们又研究了一阵，终于得出了结论：首先是巨大的冰层隔绝了南极表面平均零下 50 摄氏度的寒冷，接着是来自地心的热力，这两方面共同作用才有了湖水零下 3 摄氏度的温度。

但零下 3 摄氏度不结冰又怎么解释呢？这是因为厚重冰层形成的巨大压力使水的凝固点下降了。看来，凡事还真有例外呀！

重点来了，这样的地下冻土世界到底有没有生命呢？还真有！科学家们在南极洲菲尔希纳冰架下方 890 米的区域，检测出了大量的单细胞生命，其 DNA 片段分类显示，这里的生物种类都有着非常古老的历史，品类还超过了 3500 种。

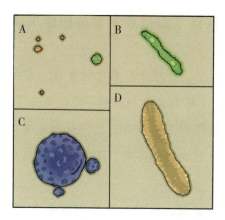

⊙四种单细胞形态

检测区域没有任何光源，这就意味着这些古老而神秘的生物是没有能量来源的。也就是说，这里的生物不能进行光合作用。在此

之前，人类一直认为生命的存在是离不开光照和氧气的。但这里的情况要怎么解释呢？经过研究，科学家们认为这些生活在冰川下的物种依赖湖水中的甲烷，通过一种类似生物化学合成氢的方式，完成了这里生态系统的构建。也就是说它们不需要光合作用，就能维持基本的生存。

南极洲发现的古老生物，改变了我们对地球生命存活方式的新认知，也更加引发了人类探索木卫二的新激情。因为木卫二的情况和南极洲非常地相似，木卫二厚重的冰层下是广阔的海洋，那么有没有可能木卫二的海洋里，也存在着不需要光照和氧气就能存活的物种呢？

 看一眼必须收藏的知识点

南极飓风是《山海经》里的因因乎吹的吗？

南极洲没有国家，当然也没有常住居民，有的只是来自世界各地的科学考察人员、探险家和捕鲸船。我们平时了解到的南极旅游，其实是只能在南极的外围逛一逛而已，这也是《南极条约》出于对南极洲的保护而规定的。其实吧，即便让你进入到南极内陆，你也不一定吃得消。

首先南极洲是高原，这里的平均海拔是 2350 米，超过了其他各大洲的平均海拔。

其次，南极内陆的平均气温是零下 50 摄氏度，这种温度是连寒冷刺骨这样高冷的形容词都表示形容不了的。像我们熟悉的企鹅、海豹、海狮、信天翁等，它们其实主要生活在南极大陆的边缘地带——苔原、河流和湖泊这些地方。因为在这些地方，平均气温能保持在零下 20 ～ 零下 17 摄氏度左右，动物们在这里生活，各方面条件自然会好一些。

南极不仅是世界上最冷的地方，也是风力最大的地方。这里一年 365 天，有 300 天都有 8 级以上的大风。在这里，人们还观测到了每秒 100 米的飓风，那是相当于 3 倍 12 级台风的恐怖力量哦！那么，《山海经·大荒南经》记载的风神因因乎，就是每天在南极洲不停地吹风吗？如果是真的，他还真是怪喜欢工作的一位神仙呢。

看一眼
就记得住的地理学常识

南极"特产"

极光	极光其实就是太阳带电粒子流被地球磁场吸引到两极所产生的。所以不仅北极有极光发生，南极同样也有极光发生
南极陨石	南极是地球上陨石最多的地方。冰层可以很好地保护陨石，冰盖的运动还会把砸在深处的陨石运到表面。因此，当你有幸去南极发现了一块陨石，不要急着离开，因为很有可能在不远处就有成片的陨石在等着你
冰下湖	南极有 600 多个冰下湖，其中最大的是沃斯托克湖，它与世隔绝了 1500 万年，水质比双层净化的蒸馏水还要干净，是地球上最纯净的水源之一

4 地球大陆：一张被大自然分割的巨幅拼图

　　玩过拼图游戏的都知道，拼图的精髓在于找到契合的边缘特征以吻合图像信息，才能完成拼图。

　　说到拼图，这里就要提到一个人了，他就是躺着发现地球大陆原来是一个整体的德国人——阿尔弗雷德·魏格纳。因为这个发现，阿尔弗雷德·魏格纳被誉为是"大陆漂移学说之父"。

　　阿尔弗雷德·魏格纳是怎么提出了这样一个大胆的想法呢？那年他因疗养身体闲着无聊就看着墙上的世界地图发呆。他看着看着，突然发现非洲大陆和南美洲大陆中间虽然隔着大西洋，但它们被大西洋隔开的轮廓却非常地吻合。尤其是巴西东端的直角突出部分，和非洲西岸凹入大陆的几内亚湾更是可以刚好拼在一起。正是这个发现，成就了阿尔弗雷德·魏格纳的"大陆漂移学说"。

　　其实当年"大陆漂移学说"被提出来后，很多人是持不信的态度的。阿尔弗雷德·魏格纳为了验证自己的学说，从地质、物理、古生物以及气候等多方面进行研究，以此论证"大陆漂移学说"的正确性。做这些研究，不仅会耗费巨大的时间和精力，还需要有毅力和信心。

1930年11月，阿尔弗雷德·魏格纳在格陵兰岛考察冰原时不幸遇难。这位伟大的科学家，为科学事业献出了自己宝贵的生命，阿尔弗雷德·魏格纳的精神值得我们所有人学习。

看一眼就记得住的知识点

地球上隐藏了第八个大陆？

阿尔弗雷德·魏格纳会眼光独到地看世界地图，我相信你也会。那你有没有在看地图的时候，思考过一个问题——为什么南半球的陆地会比北半球的少很多呢？

这个问题欧洲人在古罗马时期就已经开始思考了，思考完后他们觉得南半球一定还有没有被发现的大陆。1642年，荷兰的航海家塔斯曼登场了，他带着这个问题扬帆起航出发去了南半球。终于，他发现了新西兰，之后又紧接着发现了澳大利亚。

塔斯曼的航海任务结束了，但欧洲人却坚定地认为，南半球一定还有陆地没被发现。至于为什么，欧洲人的回答是他们相信对称性。但当他们望着一望无际的大海，什么也看不到时，欧洲人还是无能为力地退场了。

直到2017年，地质学家们宣布了一个重磅消息，说他们在澳大利亚东部发现了世界第八洲西兰蒂亚洲。这块大陆面积490万平方千米，有我们中国的一半大。西兰蒂亚洲94%的面积都在水下，只有新西兰和几个小的岛屿浮出海面，是世界上已经发现的最小的大陆。

西兰大陆能不能被称为真正的第八大陆，在科学界是存在很大争议的。因为通常意义上"在水上面"的陆地才被称为大陆。但是西兰大陆又具备大陆所需要的所有特征，比如不同类型的岩石，以及与洋壳地域相比更高的相对海拔等。或许，这个争议要等着你去解决哦！

看一眼 必须收藏的知识点

每年 15 毫米的速度，让中国和美国成为邻居

地球大陆是怎么形成现在的七大洲的呢？要回答这个问题，还得先来说说"大陆漂移学说"到底是怎么一回事。

大陆下面的板块漂流在软流层上，软流层就是我们常说的岩浆。因此大陆下面的板块一直在漂移。在经过相当漫长的时间后，大陆板块发生分裂、推挤进而重新排列分布，这便是"大陆漂移学说"。

"大陆漂移学说"认为在大约 1.8 亿至 2 亿年前，地球上的陆地还是一个整体——盘古大陆又称超大陆或泛大陆，盘古大陆的周围是一望无际的海洋。在这之后，盘古大陆开始分裂解体，形成了我们如今所熟悉的七大洲。

比较著名的便是在 5000 万年前左右，印度次大陆发疯似的撞向亚洲大陆的那次漂移碰撞。我国 4000 多米高的青藏高原，和 8848.86 米高的珠穆朗玛峰就是那次被撞后逐年抬升形成的。

我们每天脚踩的陆地，以每年15毫米的速度在移动着，你不要小看了这个几乎不能让我们察觉的速度，它到底有多大的威力呢？直观地说吧，就是按照这个速度，太平洋会在3亿年后完全消失不见。我们地球上的大陆，大约每6亿年就会发生一次大碰撞，形成一个"超级大陆"，科学家们给它取了一个名字叫"超大陆巡回"。

据推测，在大约2.5亿年之后，地球上的陆地将再次合并成为一个新的超级大陆。那个时候，日本海将会彻底消失，中国将会和美国成为邻居，珠穆朗玛峰也将不再是最高峰。中国将成为一个彻底的内陆国家，沙漠会增多，气候也会变得恶劣。

不过呢，凡事往好的方面想，或许真到了那一天，人类就可以实现徒步环游世界的梦想了！又或者你在沙漠里和鲸鱼握了手，在山坡上遇见了漫山遍野的珊瑚礁……但前提是，2.5亿年后人类的文明还在，并且地球上还有人类。不然，这一切就和人类无关了。

"大陆漂移学说"与"板块构造学说"的区别

"大陆漂移学说"	指大陆由一个整体分为6块大陆的过程
"板块构造学说"	指6个板块相互运动、挤压、张裂等,从而形成了不同的山脉、裂谷。它提出了板块内部和板块交界处的地壳运动状况,板块运动和地表形态形成的关系,以及解释了板块运动的动力源

5 贵气的岩石圈——地球自带的宝藏

在我国陕西历史博物馆里，存放着一个西汉时期的"皇后之玺"，这是一块由新疆和田羊脂玉做成的玉玺，也是迄今为止发现的唯一一块汉代皇后玉玺。

和田玉是中华瑰宝，早在7亿～8亿年前和田玉的胚胎就已经在地球上了。那个时候我们人类还不知道在宇宙的哪个地方呢，地球也还处在蛮荒时代。而现在的新疆南部地区当时还是一片海洋，有一种名叫白云石大理岩的岩层就沉积在这片海里，它们就是和田玉的胚胎。

时间到了2.5亿～3亿年前，由于海底火山的喷发，炽热的熔岩从海底喷出。这些熔岩有的直接喷出了火山口，有的并没有喷出去。那部分没有喷出去的高温熔岩侵入了白云石大理岩内部，熔岩带来了3000～4000摄氏度的高温以及高压，导致白云石大理岩发生了结构性的变化，变成了和田玉。

你说这些和田玉埋在海里，我们人类又是怎么能轻松地在河流里捡到它们的呢？故事还得继续讲，那是差不多距今1000万年的时候，因为喜马拉雅山不断地抬高，使得原本在海里的新疆南部地区也跟着

抬高了。海洋没了，变成了巍巍昆仑。而这时候的和田玉矿床，便随着昆仑山的隆起出现在了雪线之上。

那些被抬高后存在于高原上的原生玉石矿，受侵蚀作用而变成了碎块，又在大自然风、沙、雨、雪的作用下，被搬运到了山谷、河流里，如此便完成了与人类的邂逅。

和田玉的故事讲完了，而我们要了解的关于岩石圈的内容基本也都能在故事里找到对应的地方。不信？你接着看呗。

看一眼就记得住的知识点

好奇的人都想知道的岩石圈来了

岩石圈在哪儿呢？它就存在于地壳和上地幔顶部。

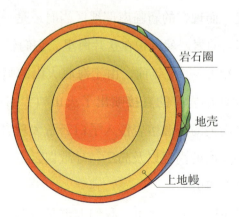

⊙岩石圈位置

在岩石圈范围内，不仅有和田玉这样的宝贝，还有花岗石这种实用的东西，你家里装修新房的时候用得着。随便一提，这花岗岩就是火山喷发时，没有喷出来的那部分熔岩，它们埋在地底下，就形成了硬度很高的花岗岩。而喷出去的那部分熔岩呢，会在地面上形成玄武岩，玄武岩是带有气孔的岩石。有机会去火山玩的时候，可以捡来看看。

岩石圈还有什么呢？还有动物、植物的化石，煤炭、石油这些能源。当然还有一些偏高冷、个性的矿石，比如长石、石英、云母、角闪石、橄榄石等。

看一眼必须收藏的知识点

三大类岩石

岩石可分为三大类：岩浆岩、沉积岩和变质岩。

岩浆岩

是地壳内部上升的岩浆侵入地壳，或喷出地表，冷凝后形成的岩石。典型代表有花岗岩和玄武岩。

沉积岩

是在地表不太深的地方，将其他岩石的风化产物和一些火山喷发物，经过水流或冰川的搬运、沉积、成岩作用形成的岩石。生物化石就是属于沉积岩，另外像原本身在高原的和田玉，被风、沙、

雨、雪搬运到山谷、河沟里，则是体现了"外力的作用"。常见的沉积岩有石灰岩、砂岩、页岩、砾岩等。

变质岩

是岩浆岩或沉积岩在变质作用下形成的一类新岩石。举个例子，如果把属于沉积岩的石灰岩经过高温高压处理，石灰岩会变成一种叫大理岩的玉石，例如汉白玉就是纯白色的大理岩。像康熙乾隆年间的汉白玉制品就非常有名。常见的变质岩有大理岩、板岩、石英岩等。

看一眼 必须背会的知识点

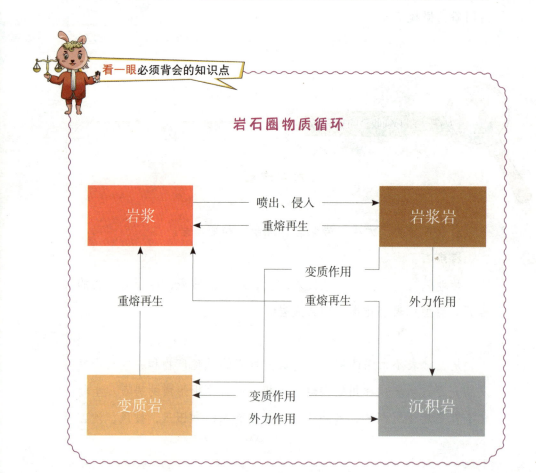

岩石圈物质循环

第 五 章

海洋——一个
五彩缤纷的
蔚蓝世界

1 海洋世界 真的是五光十色的吗？

从太空遥望地球，地球绝大部分被海洋所覆盖、所包裹，呈现蔚蓝色，所以地球又叫"蓝星"，但当我们站在海边看海时，海还是蓝色的吗？它是如何形成的？它是五光十色的吗？

看一眼就记得住的知识点

海洋是如何形成的？它是五光十色的吗？

大约在50亿年前，太阳星云分离的大小不一的星云团块互相碰撞、彼此结合、由大变小、由小变大，逐渐形成原始地球，在重力的作用下，轻物质上浮，形成地壳、地幔，重物质下沉、集中，形成地核。之后很长的一段时期，天空水汽与大气共存于一体，天昏地暗，浓云密布，大气温度降低，水汽在尘埃和火山灰的作用下形成水滴，渐渐汇聚，空气对流加剧，霎时电闪雷鸣，狂风暴雨，雨一直下，下了几百年，滔滔河水千川汇聚，形成了最原始的海洋。

海洋在最初阶段还不是咸的，而是略带着酸性，又因水汽不断蒸发，成云又落雨，雨水把陆地上土壤、海底岩石的盐分溶解，溶解的物质流入海水中，海水变咸了。当时的大气还没有臭氧层，紫外线能直接照在海面上，但在海水的保护下，海洋才有了生命，最先诞生了有机物，有了最低等的单细胞生物，随之又有了藻类，有了光合作用，有了氧气，氧气累积成臭氧层，各种生物们闪亮登场了。正因此，原始海洋逐渐演变成了现在我们看到的样子。海洋，包括太平洋、大西洋、印度洋、北冰洋，覆盖了约71%的地球表面，海洋温度的一个小变化可引发"蝴蝶效应"。

双色海位于太平洋阿拉斯加海域，其浅色海域是附近冰山融化的冰水，深色海域则是含盐量极高的海域，它并不是两个海洋碰撞，而是因为密度、温度和盐度不同导致两者不相混合。光线照射在海面上，只有蓝色、紫色的光波被散射或反射回来，海水越深，被散射和反射的光线就越多，所以大海看上去总是碧蓝碧蓝的。一般来说，深于200米的地方就没有太阳光能照射到了，所以深海一片漆黑。

地球上海洋的平均深度是3800米，位于北太平洋西部的马里亚纳海沟是目前所知的地球上最深的海沟，是海洋的"黑洞"，最深处达11034米，底部水压高达1100个大气压，它是板块俯冲地带，海底地质运动非常活跃，由于深海的温度通常只有2摄氏度，且完全黑暗，极少有生物在那里生存，食物资源匮乏。

所以海洋其实是五彩斑斓的，海水会选择性地吸收太阳光线，会优先吸收红橙黄等长波，反射蓝紫等短波，而人类对紫色接受能力较弱，因此会感觉海洋呈现出蓝色。

看一眼
就记得住的地理学常识

海的冷知识

海的名称	面积	世界纪录	地理位置	特点	气候类型
珊瑚海	479.1万平方千米	世界上最大的海	太平洋西南部海域，澳大利亚、新几内亚以东	大量珊瑚礁，以大堡礁最著名	热带海洋性气候
马尔马拉海	11350平方千米	世界上最小的海	土耳其内海，属土耳其海峡的一部分	盛产大理石、花岗岩、石板	温带海洋性气候
中国南海	约350万平方千米	中国近海中面积最大、水最深的海区	太平洋西部，中国大陆的南方	东北至西南走向的半封闭海	热带海洋性气候
波罗的海	42万平方千米	世界上盐度最低的海	北欧	盐度仅在0.7%～0.8%	温带海洋性气候
红海	43.8万平方千米	世界上盐度最高的海	阿拉伯半岛和非洲之间的狭长海域	世界重要的石油运输通道	地中海气候
亚速海	37600平方千米	世界上最浅的海	东临俄罗斯、西北临乌克兰	沙丁鱼格外多，海洋生物丰富	温带大陆性气候

2 为什么说海洋是气候的主要驱动力？

站在太空俯瞰，地球呈深邃湛蓝色，是覆盖其面积约71%的海水颜色。站在海岸边，感受徐徐的海风，看海水退去，此时一股暗流涌动的波浪从海岸经波浪区冲进狭窄且强劲的水流中，它虽流向海洋，与海滩垂直，但释放的巨大能量有时却能吞噬救生艇，这就是离岸流，属于气象现象的一种，其强度和状态受波浪、天文、风力、风向等多种因素而变化。明明表面风平浪静，海洋为什么成了气象主要驱动力呢？

看一眼就记得住的知识点

为什么说海洋是气候的主要驱动力？

海洋总面积约为3.6亿平方千米，含有13.5亿多万立方千米的水，约占地球上总水量的97%，但地球上可供人类使用的淡水只占

约 2%。海水温度细微的变化波动能引发全球天气发生剧烈变化，这是因为海洋本身是地表最强的储热体，海流则是地表最强的热能传送带，海流与空间发生气体交换，从而引发气候改变。

气候与海洋息息相关，两者之间存在着物质、热量、动能交换，互相作用会造成极端事件，如厄尔尼诺现象、拉尼娜现象、台风等，或造成千奇百变的天气气候现象，引发地球气候异常，造成气象灾害。

海洋吸收了太阳辐射能的 80%，而其中的 85% 又储存在海洋表面，为大气运动提供了直接能源，同时海水还为大气提供了约 86% 的水汽来源。影响气候变化的主要因素是气温和降水，海洋为地球贡献了 90% 的降水，只吸收了地球的剩余热量，通过洋流将热量按需分配到世界各地，以维持和平衡地球温度。海洋是大气温度的调节器，如果没有海洋，冬季和夏季的温差会很大，气温浮动也会比较剧烈，所以海洋对气候变化起着至关重要的作用。

从海洋分布看气温变化，冬季的海洋水温比气温高，风速较大，蒸发就强，供给大气的潜热就多，相对陆地而言，海洋可是大气的热源。到夏季，海洋获得的太阳辐射大，但海水温度比气温低，较之冬季，风速相对小，因此显然提供给大气增温的热量就很少。于全球而言，北半球海洋面积比南半球小，因此北半球的冬季平均气温比南半球低，夏季平均温度比南半球高。

在全球气温的等距平线图上，海陆温差受纬度和季节的影响而不相同，冬季，陆地气温等距平线呈现负距平，海洋呈现正距平。

根据中国科学院研究所的研究，北太平洋海域的海洋表面温度可以影响大气环流，从而影响中国的气温、降水量等气候要素，足以说明海洋与气候息息相关，如今的气候变化日益严重，深入观测和了解海洋系统能更好地应对全球气候变化。

看一眼
就记得住的地理学常识

气温					
	日较差	年较差	最热月	最冷月	春秋温差
海洋性	小	小	8	2	负
大陆性	大	大	7	1	正

降水						
	性质	水量	变率	分配	湿度	云量	雾日
海洋性	气旋雨 锋面雨	多	小	全年均匀 冬季偏多	大	多	多
大陆性	对流雨 地形雨	少	大	夏雨集中	小	少	少

3　海洋是怎样运动的？

海洋运动是海水规律的周期性运动，是一种使海洋中的物质、能量的循环有较高速率的运动，海水运动产生的波浪、潮汐、洋流对气候有重要影响。海水运动过程中出现的涨潮、落潮现象叫潮汐，涨潮期间，海水会顺着河口向上游上溯，水倒回入河，形成了"咸潮"，它也是海洋运动的一种形式，是一种自然的水文现象。

看一眼就记得住的知识点

海洋是怎样运动的？

在太平洋有一种反常的自然现象，一股寒流从秘鲁沿岸由南向北流动，从南美洲西海岸流向南太平洋东部，每年 11 月至来年的 3 月，南半球的海域水温显著升高，全球的气压带和风常向南移动，在地转偏向力的作用下，向左偏转呈西北季风，该季风削弱了秘鲁的东南信风，使秘鲁寒流水温异常升高，这股发生在太平洋的海洋水温反常增暖的气候现象为"厄尔尼诺现象"也叫"圣婴"现象。为什么会产生"厄尔尼诺"现象，海洋是怎么运动的呢？

厄尔尼诺现象最显著的特征是赤道太平洋东部和中部海域海温显著增温，这种海洋运动是在海风和气压变化的共同作用下实现的。而海水运动形式主要分为波浪、潮汐、洋流。

由于海水深浅不一，在海风和气压的作用下，促使它偏离原来的平衡位置，从而发生向上、向下、向前、向后的运动，因此形成海浪，它是有规律的周期性的起伏运动。

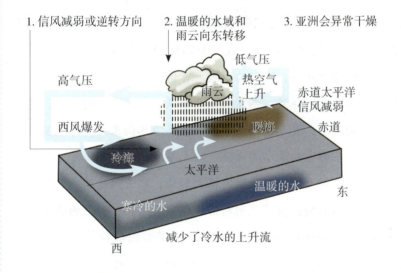

⊙ "厄尔尼诺"现象

"月亮晌，潮水涨；月亮露头，海水东流。"这首流传至今的潮汐涨落谚语反映了月亮和潮汐的关系，因月球与太阳的引潮力之比是 11：5，对于海洋运动而言，月球影响更加显著。当大洋底

部的地壳产生潮汐形变，会引起相应的海潮，海潮引起海水质量迁移，改变地壳的负重，从而使地壳发生可伸缩的弯曲。牵一发而动全身，海潮运动作为一个统一的整体，现象十分明显。

除了由引潮力引起的潮汐运动，洋流（又称海流）也可以使海水沿一定路径大规模流动。根据水温的高低，又分为寒流和暖流，寒流来自水温低处，暖流来自水温高处。由于各海域海水的温度、盐度不同，引起海水密度的差异，从而导致海水流动，这种海流叫作密度流。地中海气候，夏季干燥炎热，冬季温和湿润，原因之一是受密度流影响。

虽然各大洋的分布和流动方向复杂，但还是有一定规律的。在赤道至南北纬40°或60°之间每个环流的西部都是暖流，东部都是寒流。在北纬40°或60°以北形成一高纬环流。其环流方向为逆时针方向，环流西部为寒流，东部为暖流。赤道以北的北印度洋，因位于北回归线以南属季风洋流。冬季吹东北季风，表层海水向西流，洋流呈逆时针方向流动；夏季吹西南季风，表层海水向东流，洋流呈顺时针方向流动。东西方向流动的洋流，除南半球的西风漂流外，都具有暖流性质。洋流对大陆沿岸气候有很大影响，寒流经过的地区对气候有降温、减湿的影响；而暖流则对沿途气候有增温、增湿的作用。

海水运动是全球热量的"调节器"，也是航海航行的"指南针"。掌握了海洋运动的规律，我们就能根据洋流的成因，记住"中低纬度是北顺南逆，西暖东寒，中高纬度是北逆南顺，西暖东寒"。根据各大洋的西部洋流流经的地方不同，我们可根据流经的地名记忆，将流经日本群岛的洋流称为"日本暖流"，流经墨西哥湾的洋流称为"墨西哥湾暖流"，流经澳大利亚东部海域的洋流称为"东澳大利亚暖流"。

　　洋流对海洋中多种物理、化学、生物过程都有着影响和制约作用，其中包括渔场的形成。寒暖流交汇的地区，海水扰动大，可将下层营养盐类带到表层，有益于鱼类大量繁殖，也为鱼类提供诱饵；当两股洋流相互作用，形成"水障"后，鱼群大量集中，形成大规模渔场，如日本的北海道渔场、加拿大东部的纽芬兰渔场；而根据海风对不同海区的影响，深层的冷海水上涌把大量的营养物质带到表层，又形成渔场，如秘鲁渔场。

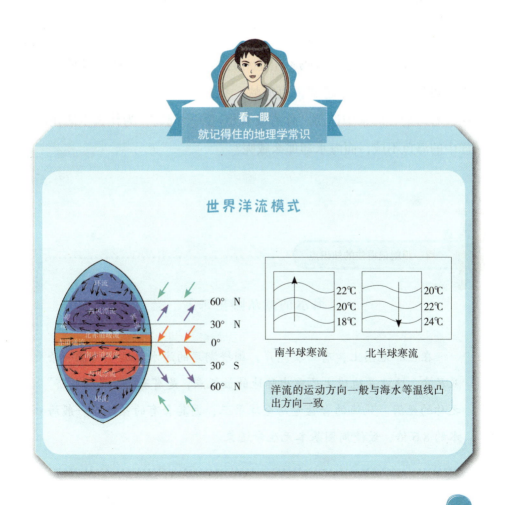

看一眼
就记得住的地理学常识

世界洋流模式

洋流的运动方向一般与海水等温线凸出方向一致

4 生活在海洋中的海鱼不咸，而海水怎么那么咸？

你知道南极科考旅行吗？出于对自然、人文景观的探索和研究，人类可以乘坐轮船穿越德雷克海峡，抵达南极大陆，看极光，赏企鹅，看海豹在海水中巡游。你有没有想过一个问题：为什么生活在海洋中的海鱼不咸，而海水却那么咸呢？

看一眼就记得住的知识点

海水的咸从哪里来？

在世界地图上，有一块湖岸，围绕湖岸的海水远远望去像一条双尾鱼，这就是地球上已露出陆地的最低点，是有着"世界的肚脐"之称的死海。死海的含盐量居全球第三，因其含有的盐度是一般海水的 8.6 倍，致使周围基本无生命迹象。

盐在古代是比金子值钱的"天藏之物",而盐的故乡是海水,海水中含有各种盐类,其中90%左右是氯化钠,另外还有氯化镁、硫酸镁及含钾、钠、碘等各种元素的其他盐类。

首先,海水的咸与地球起源及各种地质、生物活动有关,看似风平浪静的海洋其实暗流涌动,地壳运动、火山喷发都会释放出超量盐类的热液和岩浆,这些物质会随着海水流动涌进海洋里。

其次,溶解的盐类介入海洋中。天降大水,大水在地表上流动时,会和岩石、土壤互相混合,产生化学反应,使其分解为盐类,这些溶解后的物质随着河流和地下水介入海洋中,当海水的水分蒸发殆尽后,盐类物质会残留在海水中。

此外,生活在海水中的生物也是影响盐度的一个重要原因,对此蜉蝣最有发言权。当春夏交替,海水的水温上升,蜉蝣就会蜕变飞往天空,而它通过蜕变产生的新陈代谢产物盐类和其他物质会融进海水中。

除了蜉蝣这类海洋生物外,海洋中水分蒸发以及降水循环也会导致海水咸度增加。

海水的咸是大自然各个方面共同作用的结果,海水的咸度因地理位置、地质构造、气候条件而各有不同。

海水中含有80种以上元素,了解海水中最重要的溶解元素、形态、浓度有利于分析测定海水污染的程度。最近日本的核污水源源不断排入大海,核污水中含有的如铀、钚、铯、锶、碘、钴等放射性物质,会破坏海水生态平衡,对海洋生物和整个海洋水循环系统造成不可逆转的影响。

看一眼
就记得住的地理学常识

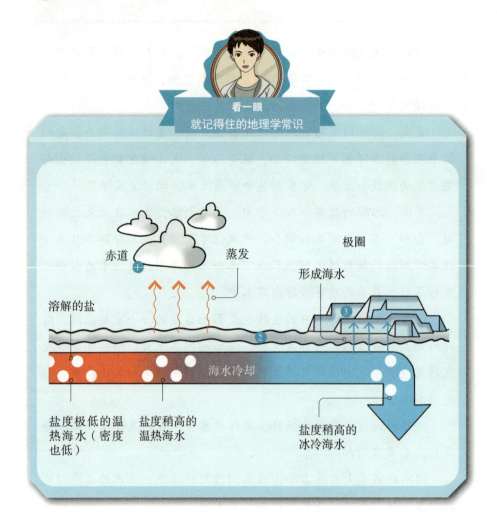

第六章

四季变化：
地球四种
不同的装扮

1 地球上有夏天冷、冬天热的地方吗？

　　话说很久以前有一个走乡贩枣的商贩，一天晚上，他来到了一座山上。他困乏了，就把装枣的马车拴到山上的一个洞口处，自己找个合适的地方躺下睡着了。等他第二天早上起来的时候，发现马儿并不是如他想象中的在洞口乖乖吃草，然后等着他发号施令就出发，反而是站在原地一动不动。商贩感觉到一丝不对劲，他走近一看，发现马背上起了一层白霜，他用手指一碰，发现是冰霜。并且他还发觉马儿的身体是僵硬的，就跟刚从冰窖里取出来的冻肉差不多。这位商贩惊呆了——现在是夏天呀，马怎么就冻僵了？

　　其实，原因就在那个山洞，这个山洞可不一般呀！它地处"地温异常带"，从山洞里吹出来的风，冬天是炙热的，夏天是寒冷的。总之就是"一身反骨"，完全和正常的山洞反着来。地球上真有冷热颠倒，夏天冷、冬天热的地方吗？有，还真有！不仅有，它们还就在我们中国呢。

这两个冷热颠倒的地方，就在中国

"冷在三九，热在中伏"。三九天，是湖面结冰，冻死猪狗的时候，也是我们钻进被窝就不想出来的时候。冷啊，冷得连呼出的气都成了白雾。这种时候是多么想念夏天呀，但一年当中也不能全是夏天，因为夏天热的时候，就算你什么都不干，光是坐在板凳上都热得全身冒汗。这时候简直想把太阳射下来，再把空调安在身上。

如果这个时候，有人告诉你在地球的某个地方，那里冬热夏凉，你会不会心动？你想不想知道那个"神仙地方"在哪里？

好吧，不卖关子了。第一个冬热夏凉的地方，就在河南省林县石板岩乡西北部的太行山半腰上。在这里，有个叫"冰冰背"的山洞。每年春暖花开的时候，"冰冰背"却开始结冰了。而且吧，山洞里的冰一结就是5个月。到了冬天起霜结冰的时候呢，"冰冰背"

⊙冰冰背

的小溪里却流淌着热气腾腾的温暖泉水。小溪周围的植被也跟着沾了光，这里的植被不像其他地方那样枯枝败叶，反而是树木长得郁郁葱葱，花儿长得娇艳动人。而由于山洞在山的阴坡上，人们习惯把山阴称为"背"，所以山洞的名字就被叫作"冰冰背"了。

还有一个地方就更有意思了。它在辽宁省东部山区桓仁满族自治县。1995年的一天，村民薛大叔在堆砌护坡的时候，无意间发现有刺骨的寒气从岩石的缝里冒出来。薛大叔先是觉得很惊讶，后来想想还是物以致用的好，他充分发挥了劳动人民肯动脑、肯动手的精神，在这个冒出寒气的地方弄出了一个长宽不到0.7米，纵深0.8米的小洞。然后薛大叔就把这个洞当冰箱用了，还顺手把一杯水放进了"冰箱"里，结果就喝到了带有冰碴儿的冰水了。这杯冰水对在大夏天里干着重活的薛大叔来说，简直不要太美好了吧！

等到了寒冷的冬天，四下都是天寒地冻的时候。薛大叔家就不一样了，他家后面有一道小山冈，这个山冈上不仅没有雪，而且种在那里的蔬菜还长得翠绿挺拔。有人拿温度计一测，这里的地表温度竟有15摄氏度，稍微再深点的地方温度有17摄氏度。跟周围的冰天雪地一对比，简直就是另一个世界。

一般来说，一个地方的冷暖取决于太阳的光热，但在这些地方之所以会出现"冬热夏冷"的异常现象，是因为它们都处在"地温异常带"里。

随着地球的公转，当地球与太阳的距离缩短时，太阳辐射给地球的热能就会增加，使地球变暖、变热。而当地球与太阳距离拉长时，地球就会变凉、变冷。这样就有了冬天冷夏天热的变化。但是有些地方却打破了这一自然规律，出现了神奇的"冬热夏凉"的现象，这样的地带就叫作"地温异常带"。

"地温异常带"冷热颠倒的原因

科研人员认为，造成冷热颠倒这种奇特现象的原因有两个：

原因一	地下有巨大的储气构造和特殊的保温层，在这种特殊的地质构造中，由大气对流运动导致了冷热反常的奇特现象
原因二	地下存在热、寒两个储气带同时释放气流。寒冷季节，热气显现；酷热季节，冷气显现

还有一种另类的说法是，在地下有巨大的储气带，储气带的上方有一个特殊的阀门，冬天、春天自动打开，所以才导致了冷热颠倒现象的产生。关于"地温异常带"究竟是怎么产生的，到现在也没有定论，还是那句话，希望寄托在你身上喽！

2 是谁指挥着地球的四季更替？

　　你平时都是怎么样来形容春、夏、秋、冬的呢？大概是用了种子发芽、花朵绽放、果子成熟、树叶凋零这样的字眼吧。又或者是春暖、夏热、秋凉、冬寒这些和温度变化有关的词语？那你想不想了解一下中国古人是怎么来形容春、夏、秋、冬这四个季节的呢？

　　在我国民间，很早就实行了农历时间，人们称正月为孟春，二月为仲春，三月为季春，合称三春。杨万里在《送彭元忠县丞北归》里写道："三春弱柳三秋月，半溪清冰半峰雪。"有"三春"在诗句里出现了，大家一看就知道是和春天有关的了。

　　杨万里还写了"竹风秋九夏，溪月昼三更"，这句优美诗句里提到了"九夏"，其含义是指夏天一共有90天，因此"九夏"一出现，大家就知道说的是夏天了。

　　那你知道"金素"是指哪个季节吗？"述职期阑暑，理棹变金素。"谢灵运诗里提到的"金素"，指的正是秋季。

　　既然春天有三春，那么冬天也当然有三冬了。它们分别是十月的孟冬，冬月的仲冬和腊月的季冬。还是拿杨万里的诗来欣赏——"五湖烟水三冬卧，万里云霄一日程。"

以上，是欣赏到的古人所作的诗词。我们的古人用智慧和美学让我们体会到了四季的不同，接下来，我们从现代科学的角度去探究一下四季变化的奥秘吧！

看一眼就记得住的知识点

自转和公转哪个说了算？

四季更替的原因离不开地球的运动，地球自转的同时还在围绕太阳进行着公转。那么地球的自转和公转，究竟哪一个决定了地球上四季的更替呢？

先说说地球自转吧，地球自转是地球围绕自转轴自西向东的转动。从北极点上空看呈逆时针旋转，从南极点上空看呈顺时针旋转。自转一周的时间是23小时56分4秒，这便形成了白天和黑夜的交替。这么一看，地球自转好像和四季交替没多大关系。那么地球的公转呢？

地球公转是指地球按一定轨道围绕太阳转动。地球公转和自转所在的轨道平面是有夹角的，就是黄赤交角。因此，地球在转动的时候是斜着的。这也导致了在地球上的不同地方，接收到的太阳辐射和热量是不同的。所以才有了冷热的区别，也就有了不同的气候现象，四季更替便形成了。

所以，四季更替是由地球公转引起的。

地球公转速度的快慢，决定了春、夏、秋、冬四个季节的长短。其中，由于赤道附近总是处于太阳光线的直射状态下，所以热带地区只有夏季。还有地球两极也因为黄赤交角和地球公转的原因，出现了极昼和极夜的现象。

看一眼必须收藏的知识点

正式介绍一下一年四季

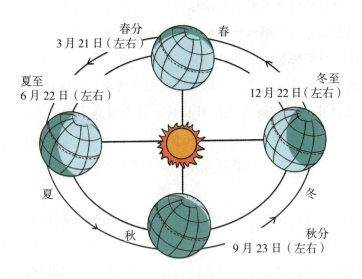

四季，指一年中交替出现的四个季节，即春季、夏季、秋季和冬季，每季三个月。中国传统是以"二十四节气"的立春、立夏、立秋、立冬，分别作为春季、夏季、秋季、冬季的起始来划分四季的。

春季，是四季之首，新的轮回从此开启。春季是万物生长、春耕播种的季节。

夏季，温度升高，天气炎热，狂风暴雨频发，万物蓬勃生长。

秋季是收获的季节，意味着万物开始从繁茂生长趋向萧索成熟。

冬季，万物由收到藏，意味着结束，等待下一个四季轮回的开始。

看一眼
就记得住的地理学常识

黄赤交角

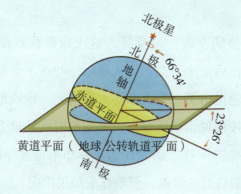

黄道平面（地球公转轨道平面）

黄赤交角	指地球公转轨道面（黄道平面）与赤道平面的交角，也称为太阳赤纬角或黄赤大距。地球绕太阳公转的黄赤交角约为23°26'。黄赤交角的存在，具有重要的天文和地理意义，它是地球上四季变化和五带划分的根本原因

3 为什么冬天离太阳更近，反而更冷？

有过露营经验的人肯定知道，在你晚上仰望星空的时候，你除了会"天哪！天哪"地感叹星河灿烂外，还会突然说道："晚上好冷呀！"接着，你升起了一堆火，然后招呼另外一个和你一样冷得发抖的朋友一起烤火。你们俩围着火堆坐了下来，伸出手靠近火堆，瞬间就感受到了温暖。

烤着烤着，你朋友说："哎呀，这火烤得我好热呀，我都出汗了。"你建议他往后面坐一点，离火堆远一些就不会那么热了。你朋友照做了，同时他提出了一个类似烤火的问题，他说地球靠太阳的照射获取光和热，按理说也应该是靠近太阳的时候地球会热一些，远离太阳的时候地球会冷一些。那为什么实际却不是这样的？反而在1月初，地球距离太阳最近的时候，但地球上却很冷呢？

那么你要怎么来回答你朋友这个问题呢？如果现在你心里是没有答案的，不用着急，马上你就会有答案了。

地球是戴着头盔在烤火的

地球围绕太阳公转，但地球公转的轨道不是圆形的，是椭圆形的。正是这样才有了近日点和远日点。近日点是一年当中地球距离太阳最近的时候，时间是每年的一月初。远日点是一年当中地球距离太阳最远的时候，时间是每年的七月初。最近的时候，地球距离太阳约 1.47 亿千米，最远的时候，地球距离太阳约 1.52 亿千米，两者相差约 500 万千米。这个距离差对人类来说是相当遥远了，但是科学家却说这个距离差对地球接收太阳热量和辐射的影响，其实是可以忽略不计的。也就是说，夏天热，冬天冷，其实与日地距离是基本无关的。

那么，究竟是什么原因导致冬天地球离太阳近反而冷呢？难道是地球戴了一个头盔隔热了，所以才不会热的？好吧，一定要这么

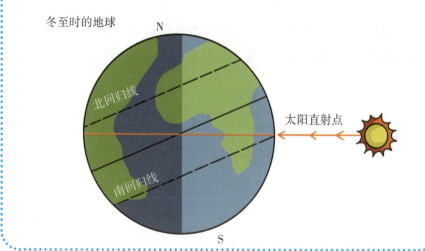

冬至时的地球

N

北回归线

太阳直射点

南回归线

S

说的话，那么这个头盔就是大气层了。

　　冬至，太阳的直射点正好处于南回归线上，太阳照射到北半球的阳光是斜着的。这就导致了阳光穿越北半球大气层的距离会大大增加。这个距离就北回归线来说的话，冬至这天要比夏至这天的距离增加 1.4 ～ 1.5 倍。所以阳光到达北半球地表的辐射和热量，也就要弱很多。

看一眼必须收藏的知识点

光的斜射也导致了冬至这天，北半球比南半球冷

　　地球在围绕太阳公转的时候，因为黄赤交角的存在，因此地球是倾斜着围绕太阳公转的。太阳在地球上的直射点，随着地球公转位置的不同，往复于南回归线和北回归线之间。冬至，太阳直射点在南回归线，用物理学关于光的直射和斜射的理论来解释的话，北半球接收到的太阳辐射和热量就会少很多，以致出现南半球热，而北半球冷的现象。

太阳的热量是如何到达地球的

太阳是地球热量的主要来源，太阳的热量是通过辐射的方式传到地球上来的。辐射不需要依靠任何物质，在真空中也能穿行。太阳距地球1.5亿千米，阳光需要穿过大约1000千米厚的大气层才能达到地面。

辐射	自然界中的一切物体，只要温度在绝对零度以上，都以电磁波的形式时刻不停地向外传送热量，这种传送能量的方式称为辐射

4 四季变化，
对我们有哪些影响？

有一项关于四季变化对人类寿命影响的研究，其研究结果显示：春天出生的人，更容易患肠胃疾病和学习障碍；夏天出生的人，往往比较乐观，但眼睛近视的比例最高；秋天出生的人更长寿，到老年身体也更健康；冬天出生的人则更容易失眠，研究结果说跟冬天日照时间短有关。

研究结果的科学性还有待证实，不过往往人们看到这样的结论，会不自觉地对号入座。结果发现，好像还真能对上一两点似的。那么四季变化真的有这么神奇吗？它真的对人类有那么大的影响吗？

古人通过观察"斗转星移"，也就是北斗七星斗柄旋转的循环指向，并结合地理气候、物理变化的规律，制定出了二十四节气。二十四节气准确地反映了古代中原地区四季的变化规律，在古代农耕生产中发挥了极为重要的作用。它生根于中国，影响力却不仅限于中国。

3000多年前，中西亚一些国家将"春分"设立为他们国家的新年。

1000多年前，二十四节气传入日本。另外，古代日本一直使用中国的农历。像春分日、秋分日还被日本设立为法定节日。

　　二十四节气还传入了朝鲜半岛和东南亚等国，这些国家又结合自身实际情况和民族文化，一直沿用二十四节气到现代。在越南的传统历法中，就保留了大部分的"二十四节气"，在越南民间，尤其是农民，仍然遵循着二十四节气来安排农耕。

　　二十四节气对人类生活的影响，主要反映出四季变化对人类农耕生活的影响，事实上四季变化对人类的影响远不仅仅体现在农耕生活上。

看一眼就记得住的知识点

出行看天气，生活靠四季

　　当你早上起床，看见窗外的天气是阴天、下雨或者是出太阳的时候，你是能判断出当天的天气情况的。并且会根据天气情况，避开不利于你当天生活的天气因素，去决定当天要穿的衣服、出行的路线和要做的事情等。那么，提前预知四季变化可能会对我们生活造成的影响也是很有必要的。

　　四季变化首先会对天气造成影响。可能会出现暴雨、冰雹等极端天气，从而引发洪灾、干旱、暴风、沙尘暴等灾害。受极端天气的影响，农业会受到直接的影响，出现粮食减产、粮食安全等问题。比如粮食减产后，价格就会上涨。粮食安全出问题了，会导致疾病的增加，甚至是饥荒等问题。

　　四季变化还会导致空气污染，呼吸系统疾病等传染病的传播。每逢季节交替时，很多鼻炎患者、支气管炎患者常常会旧病复发。

　　四季的变化，对旅游业还有直接的影响。旅游行业常常会有"旅游旺季"和"旅游淡季"的说法，这便是季节变化导致的。好

比冬季时，温暖的沿海地区和可以滑雪的滑雪胜地，以及温泉地区就会出现"旅游旺季"。而高海拔地区和海滩度假胜地的"旅游旺季"则在夏季。

除了旅游业，交通系统也受四季变化的影响很大。比如在极端天气下，道路会被积雪或洪水堵塞。大风、暴雨、雷电等天气，会造成交通拥堵、航班延误等问题。

看一眼
就记得住的地理学常识

四季变化对人类的影响

极端天气	引发洪灾、干旱、暴风、沙尘暴等灾害
空气污染	呼吸系统疾病等传染病的传播
粮食安全	粮食减产，食品价格上涨，出现饥荒等问题
经济	影响旅游业、交通运输业

5 四季变化给我们带来哪些自然资源管理的思考？

下雨了，请伸出你的手，感受雨水滴落在掌心的重量和溅开的水花。你睁开眼，穿过朦胧的雨帘，田野里的水稻在咕噜咕噜地喝水。那咕噜咕噜的声音在你听来，仿佛是水稻在对你说，它的稻穗马上就要成熟了。

不远处就是青山，你踏着湿润的草地进入森林，听见了蘑菇撑伞的声音，蚂蚁啃噬树叶的窸窣声，鱼儿在溪水里翻腾的声音。你走到小溪边，溪水湍急地奔向远方。你问溪水急着去哪里？它回答你说它要奔赴河流、湖泊，最后再到达海洋。你问溪水为什么要去远方？它说因为它要去看看地球这颗美丽的行星。

溪水邀请你和它一起去看看地球，你高兴地与它同行。

好了，关于你与溪水同行的沉浸式体验先暂停在这里。虽然是有点扫兴，但我保证后面这种沉浸式体验还会继续的。在目前的体验中，你有没有发现你已经体验到了地球赋予我们的自然资源呢？这些自然资源有哪些呢？它们正是：山、水、林、田、草、湖、海洋。所谓自然资源管理，就是管理好它们这七姐妹。

四季变化，让绿水青山常在，让生命不息。人类社会需要和自然环境和谐共存才能长久，人类经济的发展更是离不开自然资源的供给。

看一眼就记得住的知识点

地球给了我们什么？

我们的地球母亲无私地将她的资源奉献给我们，这些资源就是自然资源，包括了地球能提供给人类衣、食、住、行、医所需要的所有物质原料。地球上的自然资源分为"可再生"和"非可再生"两大类。其中，陆地上的自然资源有六大类，它们分别是淡水、森林、土地、生物物种、矿产和化石燃料（煤炭、石油和天然气）。

可再生的自然资源指的是在太阳光的作用下，可以不断自己再生的物质。比如水能、生物质能、太阳能、风能等。

非可再生的自然资源包括了能源矿产和其他所有矿产资源。像大家熟悉的石油、煤炭、天然气等都是能源矿产。其他矿产资源包括了铁、铜等金属矿以及石英、滑石等非金属矿产。这些自然资源经历了上亿年的时间才形成，是不可再生的。它们只会随着人类的消耗而变得越来越少。

除了以上这些没有生命的自然资源以外，地球上还有一种非常宝贵的非可再生自然资源——生物物种资源。

生物物种资源是指具有实际或潜在价值的植物、动物和微生物物种，以及种以下的分类单位及其遗传材料。

遗传材料是指任何含有遗传功能单位——基因和脱氧核糖核

酸（DNA）水平的材料。你看，地球上但凡一种生物灭绝了，是不是就意味着地球永久性地丢失了一个物种基因库？这个物种的基因库就属于遗传功能单位的材料。它们一旦损失掉，以人类目前的基因技术水平是无法将其弥补回来的。

因此很多国家都对这些自然资源进行了很好的保护。在加拿大的西北部，有一个叫纳汉尼的国家公园，那里有加拿大最崎岖不平、最天然的土地，简直是举目荒凉，人迹罕至。它占地4766平方千米，是全球第一批被列入《世界遗产名录》的自然遗产。

纳汉尼国家公园里没有一条道路，没有任何人类活动的痕迹。这并不是说它的自然风光不美，其实这里有很多雄伟壮观的自然奇观，包括天然大峡谷和超级大瀑布。

那这么美的地方为什么没路也没人呢？原因是加拿大政府禁止将这里开发成旅游景区，目的就是保护这里的自然资源，不受人类活动的影响。

看一眼必须收藏的知识点

如果地球不干了，我们要怎么生存？

我们接着来进行你和大自然的沉浸式互动吧，天上又开始下雨了，你伸出手，但这一次你迅速地缩回了手。因为你发现雨水的颜色好像有点不对劲，并且它好像还有点烫手。不仅如此，以前下完雨周围的温度会凉爽一些，但此时此刻你非但没有感到凉爽，反而

感到很热。你走出屋檐，强烈的紫外线照射让你立马又退了回去。

你看远处的青山，已经不再是青山了，它已经"秃头"了。你不相信自己的眼睛，你戴上帽子跑去找小溪，小溪已经变得肮脏、浑浊，有一只被塑料袋困住的鱼已经死在那边很久了，发出一阵阵的恶臭。你问溪水："怎么你都不流动了？你以前不是很喜欢去河流，去大海里吗？"溪水没有回答你，因为溪水也已经死了。

你发怒了，你对着周围大喊大叫，让NPC（非玩家角色）把你从这个糟糕的世界带走，但是没有任何回应。反而是大地颤抖了一下，从裂口的地缝中传出一个远古、浑厚的声音，它说："我快撑不住了，如果人类现在开始爱我，一切还来得及。"

你恍然大悟，原来现在的雨是酸雨，原来紫外线那么强烈是因为臭氧层被破坏了，原来土地荒漠化了，原来森林锐减了，原来水被污染了，大气也被污染了，地球已经变样了。那么人类要怎么办？

能怎么办？先来看看地球母亲到底受了哪些"伤"吧。

第一道"伤"就是臭氧层的损耗与破坏，使紫外线能穿透到10米深的水里，杀死浮游生物和微生物。

第二道"伤"是全球气候变暖。

第三道"伤"是土地荒漠化，我国黄河流域的水土流失就十分严重。

第四道"伤"是酸雨（使森林锐减）。

第五道"伤"是生物多样性减少。

第六道"伤"是水污染。

第七道"伤"是大气污染。

第八道"伤"是危险性废弃物越境转移。危险性废弃物是指除放射性废弃物以外，具有化学活性或毒性、爆炸性、腐蚀性和其他对人类生存环境存在有害特性的废弃物。日本大规模排放核污水就是典型。

第九道"伤"是海洋污染。

这九道"伤"，每一道"伤"的"伤口"都还在持续加深。那么我们能为地球母亲做点什么呢？

2021年，作为世界第二大经济体的我国，提出力争在2030年前实现"碳达峰"，2060年前实现"碳中和"，构建"零碳社会"。

那么对于我们个人呢，可以从日常生活中做一些力所能及的小事情：比如节约用水，让水资源得到二次利用；垃圾分类处理；绿色出行；节约用电，少开空调可以减少对大气的污染；爱护花草树木，不破坏植被；等等。

看一眼
就记得住的地理学常识

"碳达峰"和"碳中和"

碳达峰	指我国计划在2030年前，实现二氧化碳排放总量达到一个历史峰值后不再增长，在总体趋于平缓之后逐步降低
碳中和	指我国企业、团体或个人在一个时间段内直接或者间接产生的二氧化碳气体排放总量，通过能源替代、节能减排、产业调整和植树造林等方法抵消掉，实现二氧化碳"零排放"

139

第 七 章

怎样做一位地球环保小卫士?

1 地球上有哪些自然灾害？

　　每天安稳的生活，有时候会让我们忘记了，地球上还有很多恐怖的灾难和受灾的地区。先来看看下面这张表吧！

灾难类别	受灾地区	伤亡人数（万）
唐山大地震	中国	24 万余人丧生，16 万余人受重伤
天启大爆炸	中国明朝	2
坦博拉火山大爆发	印度尼西亚	6
智利大海啸	智利	2.5
印度洋地震	印度	23
切尔诺贝利核泄漏	苏联（现乌克兰）	9.3 ~ 14.7
博拉旋风	巴基斯坦	50 ~ 100
流感大暴发	全世界	3500 ~ 7500

　　这张表格反映了世界的八次灾难，光是看一个比一个多的伤亡数字就够让人胆战心惊的了。但它们也只是地球上自然灾害的冰山一角

而已。另外还有很多灾难之最，比如世界上最大的台风——1979年的台风泰培，它的风力等级达到了21级，庆幸的是它主要发生在太平洋上，因此造成的伤亡并不多。智利9.5级大地震，是世界上最强的地震，它在一瞬间毁灭了城市，堪比世界末日。

地球上的自然灾害十分复杂，它们被分为了四大类，分别是：气象灾害、地质灾害、海洋灾害和生物灾害。

看一眼就记得住的知识点

地球的心腹大患—— 地质灾害

地质灾害是指在自然或者人为因素的作用下，对人类生命财产造成的损失以及对环境造成破坏的地质作用或地质现象。分为突发性地质灾害和缓变性地质灾害两大类。

突发性地质灾害有地震、崩塌、滑坡、泥石流、地面塌陷、地裂缝等。

缓变性地质灾害有水土流失、土地荒漠化等。

又根据地质灾害发生区域的地理或地貌特征，可分为山地地质灾害（山洪、崩塌、山体滑坡、泥石流等）和平原地质灾害（地面沉降、地壳变形、水土流失、土地荒漠化等）。

对我国危害最大的地质灾害包括地震、崩塌、滑坡、泥石流和土地退化等灾害，其中危害最大的是地震。

在我国发生过多次8级以上的地震，它们主要集中在西部地处断裂带的地区。比如发生在明朝的8.3级地震，当时是1556年1月

23 日，地点是在今陕西省渭南市的华州区。地震震中最大烈度为 11 度，震后还出现了瘟疫，那次地震造成了超过 83 万人死亡。

还有 1950 年 8 月 15 日的西藏墨脱地震，震级达 8.5 级，地震震中最大烈度达到了 12 度，造成西藏地区 3300 人遇难，印度 1500 人死亡。此次地震也是中华人民共和国成立以来，发生的等级最高的一次地震。

 看一眼必须收藏的知识点

瞬间要命的 3 种自然现象

动漫里，那些厉害的角色往往都有自己的技能，比如日本动漫里的朱毕安·罗克丝，她是能操控水的能力者。丝滑的水技能堪比我们的东海龙王。还有起点小说《斗破苍穹》里的萧炎，他在斗气大陆上使用的佛怒火莲、大地罡炎、炎之帝身等斗技，就是对火的极限操控。不过要说不怕火的还得是"真金"，因为真金不怕火炼。

其实真正厉害的还是我们的大自然，因为大自然不只能操控水、火，它甚至可以操控一切。有时候大自然会突然失控，失控到产生出一些超级恐怖的东西出来。

水龙卷
它俗称龙吸水、龙吊水，是一种偶尔出现在温暖水面上空的龙卷风，它的上端与雷雨云相接，下端直接延伸到水面，做旋转运动。实质上这是一种涡旋，空气绕龙卷的轴快速旋转。水龙卷会对珊瑚礁，以及海洋生物造成巨大的危害。

⊙水龙卷

滑坡

是斜坡岩土体沿着贯通的剪切破坏面发生的滑移地质现象。滑坡可以发生在世界上的每个地方，当山体滑坡发生时，周围的房屋会被摧毁。并且在山体滑坡即将发生时，大多数人并不会立刻疏散开，而是会观望一会儿。这是人在面临突发性事件时产生的延迟性反应导致的，而往往因为这十几秒甚至是几分钟的延迟，会带来受伤甚至是丧命的结局。也因此，山体滑坡被称作是世界上最致命和最昂贵的自然灾害。

火旋风

又叫火焰龙卷风。是指当火情发生时，空气的温度和热能梯度满足某些条件后，火苗形成了一个垂直的漩涡，并直刺天空的罕见现象。火旋风，像一条火龙一样旋转前进，所到之处皆成灰烬。

145

1923年，日本关东大地震时，就发生了好几起火焰龙卷风。

除了这三种可怕的灾害外，世界上还有令人闻风丧胆的草泡沫、冰海啸、火山闪电和永冻土爆炸等可怕的自然现象。大自然的力量，有时候真是恐怖到让人无法想象。

看一眼
就记得住的地理学常识

三大天灾

地震	地震是地壳在快速释放能量的过程中造成的震动，并且期间会产生地震波的一种自然现象。地震会造成严重的财产和人员伤亡，以及有毒气体泄漏，细菌和放射性物质扩散等。它还会引起火灾、水灾，造成海啸、滑坡、崩塌、地裂缝等次生灾害
旱灾	旱灾是指因气候严酷或不正常的干旱而形成的气象灾害。它直接导致了粮食的歉收，引发饥荒，甚至导致社会动荡。并且旱灾后很容易发生蝗灾。在中国，因旱灾而死亡的人数，远远高于其他灾害在中国历史上致人死亡的数量。"千里无禾、饿殍载途。"这便是古人对旱灾的形容
洪水	洪水是暴雨、急剧融冰化雪、风暴潮等自然因素引起的江、河、湖泊水量迅速增加，或者水位迅猛上涨的一种自然现象。它不仅会导致人员伤亡、财产损失，引起污染和疾病传播、生态破坏等，还可能导致工厂、商业区和交通运输系统的瘫痪

2 我们的饮用水
正处于危险的状态中

　　有一种叫全氟和多氟烷基物质（PFAS）的化学物质，地球上原本没有这个东西，但是人类把它创造出来了。并且它简直是"寿与天齐"！因为它在自然界中需要数千年才会消失掉。而就是这样一种顽固的人造化学物质，出现在美国至少45%的自来水中。

　　这意味着饮用过这部分被污染的自来水的美国人，身体内极有可能就有PFAS。PFAS是有毒的，接触PFAS会引发癌症、肥胖、甲状腺疾病、高胆固醇、生育能力下降、肝损伤和激素抑制等健康问题。

　　这还不是最恐怖的，最恐怖的是目前人类的平均寿命不到80岁，而PFAS需要数千年才会被分解掉。意思就是人死了，它还在。

　　关注饮用水安全，是我们每一个人的义务。

　　饮用水是指可以不经处理、直接供给人体饮用的水。水是体液的主要组成部分，是构成细胞、组织液、血浆等的重要物质。水作为体内一切化学反应的媒介，是各种营养素和物质运输的平台。包括干净的天然泉水、井水、河水和湖水，也包括经过处理的矿泉水、纯净水等。

147

"水行星"会缺水?

　　人类常常以地球是太阳系唯一一个有生命的行星而自豪,因为我们的蓝色星球充满了生命之泉——水。我们的地球 71% 的面积都被水覆盖着,人类又怎么可能会出现水危机,甚至是引发"水战争"呢?

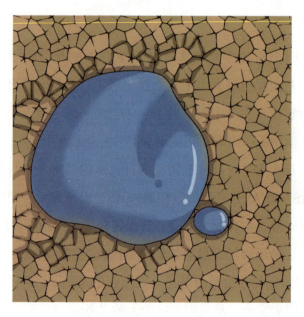

⊙水行星也缺水

　　答案是地球上水的总量有 13.86 亿立方千米,但这些水中只有很少一部分可以作为人类和生态系统使用的淡水资源,其余的水要么是咸的,要么被封锁在永久冻土和冰川中,要么被污染了……

这是美国西北大学海洋和气候科学教授布莱恩·赫尔穆特的研究结论。另外还有一个同样令人震惊的事情是，根据世界卫生组织一项研究报道，因为饮用不干净的水死亡的人数，已经超过因为战争死亡的人数。全球80%的疾病和50%的儿童死亡都是因为饮用了不干净的水。

气候变暖是全球水资源危机的一个核心原因。气候变暖，加剧两极冰川融化，使淡水减少，咸水增加。海平面抬升，海水入侵滨海城市，又使得城市地下可利用的淡水资源减少。

气候变暖还会破坏地球上的"水循环"，它会导致地面蒸发量增加，加剧干旱、半干旱地区地下水矿化度，使干旱的地方更加干旱。还会加剧地球上降水分配的不均，出现降水季节不均衡，强降水强度增加，引发暴雨、洪涝等灾害。

全世界的国际河流大约有200条，这些河流穿越了不同国家的边界，但工业污染、垃圾污染等也使得人类可利用淡水越来越少。《2024年联合国世界水发展报告》指出，目前，全球仍有22亿人没有安全饮用水使用，35亿人缺乏管理得当的饮用水卫生设施。

在中国，2014年发布的"中国人群环境暴露行为模式研究"的研究结果显示：我国有1.1亿居民住宅周边1千米范围内有石化、炼焦、火力发电等重点关注的排污企业，2.8亿居民仍使用着不安全饮用水。

如果大气污染、人为污染继续加剧，我们这颗原本就没有多少淡水资源的"水行星"，真的会缺水的。更确切地说是缺少给人类用的水，到那个时候，谁能保证人类不会为了争夺生命之泉而大打出手呢？只有全世界共同携手，担负起保护水资源的重任，并且加强国际合作，才能避免因为水资源稀缺而引发冲突甚至战争。

看一眼必须收藏的知识点

饮用水也有历史?

　　人类不是从一开始就有饮用水喝的,人类最开始饮水是就地取水。人们饮用溪水、山泉水和江河、湖泊里的水。最早的时候,人类甚至连存储水的容器都没有,一片大的树叶、一节竹子就是天然的容器了。更多的时候,人们渴了就直接用嘴在小沟里喝水。因此那个时候人们的饮水质量全靠大自然的自净能力。

　　大自然自净能力虽然好,但水中的细菌、病毒等微生物仍然是存在的。所以那时候人类的饮水其实是不安全的,古人的寿命普遍也都不长。比如古蜀时期的三星堆文明就反映出,那时候的古蜀人所指的一世寿命其实只有三四十岁,而所谓三生三世,就是指能活到差不多一百岁了。

　　后来,人们学会挖井了,大家开始流行喝井水。但井水也只是在物理层面上改变了取水方式而已,井里有害微生物的问题还是没有得到解决。有些聪明的人就在井里养了鱼,这样可以起到一定的净化水的作用,并且还给井盖上盖子。这样确实会好一些,但还是有人会得病,那怎么办呢?某些聪明的人就把水煮开了再饮用,发现真的好了很多。到目前为止世界上有坚持喝开水习惯的国家就是中国。我们可以大胆地猜测,中国人就是当时那些聪明的人。

　　1902年比利时也出现了一个聪明之人,他发现氯可以去除水中的微生物污染。此人因此发明了一套用混凝、沉淀、过滤、消毒的流程来处理水的方法，饮用水便这样腾空出世了！这套方法很快在欧美国家流行起来，它们结合当时的技术建立了很多水厂。

中国也紧随其后，在1908年开始建设中国的第一家自来水厂——京师自来水厂。当时还是中国的清朝，这家自来水厂还是慈禧太后批的折子同意修建的呢。当时的自来水是可以直接饮用的，但是随着环境污染的出现，加之自来水处理工艺的落后等原因，导致自来水里出现了有机物和重金属，而且自来水里剩余的氯也是一种致癌物质，因此生病的人又开始多了起来。

庆幸的是，先进的反渗透技术出现了！它能有效去除水中的有害有机物、重金属等污染物。这种技术是20世纪60年代美国宇航科技的研究成果。它的原理是利用以渗透压力差为动力的膜，分离过滤污染物。应用此技术，桶装水出现了。

随后就是终端直饮水了，它采用最新中央净水器来进行供水，使水可以直饮，在欧美等发达国家普及率很高。我国目前大部分地区的供水是自来水，为保障饮水安全，家里可以安装净水器过滤后再直接饮用。

看一眼
就记得住的地理学常识

生活污水处理流程

预处理	去除大颗粒悬浮物、固体废物和沉淀物等，通常包括格栅、沉砂池和沉淀池等设备的处理过程
沉淀	预处理后的污水会进入沉淀池，悬浮物质会在静态环境下，通过自由沉淀作用沉降至污泥层。之后，清水会从上面或侧面流出，进入下一步处理
活性污泥法生物处理	生活污水处理的核心步骤是生物处理，通常采用活性污泥处理法。生活污水进入曝气池或生物反应器后，通过加氧、搅拌等方法加入氧气和养分，使活性污泥里的微生物附着于污水中的有机物质上进行降解、分解。然后，污水再经过二沉池或沉淀池，使生物污泥沉淀，再将上层清水从上部或侧部流出
过滤	经过生物处理后的水，还含有微小的悬浮物和溶解物质。还需要通过砂滤器、活性炭滤器和微滤器等，去除残余悬浮物和溶解物
消毒	过滤后的水仍然含有病原体和微生物，需要进行消毒处理，以确保水质符合标准。常见的消毒方法有氯化消毒、紫外线辐照和臭氧消毒等
深度处理	深度处理，是对水质进行进一步的生物处理。常用的方式有生物膜反应器、生物滤池和人工湿地等，以达到更高的排放要求
污泥处理	在污水处理过程中产生的污泥，也需要进行处理和处置。常见的处理方法有污泥浓缩、污泥脱水、污泥干化和污泥堆肥等

3 大海的头号敌人——塑料

你知道我们穿的衣服，其实是塑料瓶回收后再加工做成的吗？如果你要觉得吃惊的话，那还有会让你更惊掉下巴的呢！轻轻地对你讲哦，不要以为塑料做成的衣服，指的是外套这些非贴身的衣物，其实你穿的内衣也是塑料做成的！

内衣的纺织原料是一种叫再生涤纶纤维的材料，这种材料大家对它的评价是保暖性能强，同时具有阻燃、抗污、抗紫外线、可水洗不变形、透气轻盈等优点。另外，还说它具有环保性。为什么这样说呢？因为它正是由来自垃圾站的废弃塑料瓶，经过粉碎、清洗、混合、干燥、熔融、挤出等一系列工序后，制作出来的。这完全属于回收再利用呀！

所以你要说把塑料瓶做成内衣不好吧，其实它还挺环保挺实用的。因为20个500毫升的聚酯瓶可制作一件上衣，2个2升聚酯瓶可以制作出0.09平方米的地毯……这样一看，还真是废物再利用了。但是塑料做的衣服，对人体就真的没有一丁点儿的伤害吗？人类又为什么要用废弃的塑料瓶做成内衣穿呢？

可能还有你不知道的事情，比如每年有大约800万吨塑料垃圾进入海洋，相当于你站在蔚蓝无边的美丽大海边，眼睁睁地看着每秒钟就有一辆满载塑料的卡车，把卡车里装的塑料往大海里倒。你无能为力，也无法阻拦，因为在人类社会里到处都是塑料。

你要辩驳的话，那么就请你列举一下，我们的生活中有哪些东西是不含塑料的？并且这些非塑料制品在所有物品中所占比例又是多少？答案是很少。也因此，人们预估到2040年，流入海洋的塑料垃圾量将增加近两倍，每年新增2300万～3700万吨。

看一眼就记得住的知识点

海洋里的塑料很"牛"吗？

海洋里的塑料分为宏观塑料和微塑料两类。它俩的区分标准就是按照5毫米来分的，宏观塑料是我们肉眼很容易看见的，指那些直径大于5毫米的塑料物品。微塑料是指直径小于5毫米的塑料颗粒。

你能想到的，生活中的物品几乎都能成为海洋里的宏观塑料，比如我们喝水的吸管、装水的瓶子、买菜的袋子、手机、充电器、鞋子、衣服、帐篷、洗衣机、电视、汽车、船只、飞机等。这些东西到了海里就成了海里的宏观塑料，它们对海洋来说就是污染物、就是垃圾。这些塑料垃圾有的沉入海底，有的堂而皇之地飘在海面上。不可思议的是，这些宏观塑料垃圾还在太平洋中部，形成了一个160万平方千米的"垃圾平原"，这块"垃圾平原"差不多有3

个法国那么大了。

除了像"垃圾平原"这些大型的塑料垃圾外,海洋的表面还漂浮着超过两万吨的微塑料。这些微塑料有的是由宏观塑料垃圾分解形成的,有的是化妆品、洗涤剂、纺织品等产品里面的添加成分。

⊙海洋垃圾威胁海洋动物

微塑料直径小于5毫米,它们体积小、重量轻,很难被回收或清除,因此它们会长期存在于海洋里,并随着海洋的运动飘向世界各地。它们甚至还会通过食物链进入海洋生物、陆地动物甚至是人类的身体里,对生命健康造成威胁。不仅小虾米会因为它们而死掉,就连海洋的霸主蓝鲸,也有因为这些塑料垃圾而死亡的。

海洋里的塑料垃圾,对海洋生物造成的伤害有缠绕、吞食、穿刺、感染等。全球有超过800种海洋生物都受到了塑料的影响,其中包括鱼类、甲壳类、软体动物、鸟类、爬行动物和哺乳动物等。塑料垃圾带给这些海洋生物的结局将是死亡、疾病、行为异常、繁殖障碍等。

看一眼必须收藏的知识点

塑料它爸是谁？

塑料这么顽固，究竟是哪个人把它带到世界上来的？

塑料是以单体为原料，通过加聚或缩聚反应聚合而成的高分子化合物，抗形变能力中等，介于纤维和橡胶之间，由合成树脂及填料、增塑剂、稳定剂、润滑剂、色料等添加剂组成。

光是看塑料的概念，就有一种格格巫在调制魔法药水的感觉了。事实上，塑料不仅顽固，它的数量和品种还多得吓人！根据不同的化学成分和物理特性，塑料分为聚乙烯（PE）、聚丙烯（PP）、聚氯乙烯（PVC）、聚对苯二甲酸乙二醇酯（PET）等。

这些塑料的降解速度各不相同，有的可以在几个月内降解，有的则需要几百年甚至更长时间。不仅如此，塑料还会释放出化学添加剂和残留物质，比如阻燃剂、增塑剂、抗氧化剂、重金属等，这些物质都是能致病、致癌的。不难想象它们长期存在于海洋里，会给海洋的生态系统带去多么大的灾难！

或许这种灾难，是连当初发明塑料的人都未曾意料到的。他就是美国籍比利时人列奥·亨德里克·贝克兰。世界上第一种完全合成的塑料就出自他之手。1907年7月14日，列奥·亨德里克·贝克兰正式注册了酚醛塑料的专利。塑料正式和地球人见面了，接下来的时间，塑料在美国的产量一路飙升。1979年，塑料在美国的产量甚至超过了钢，要知道钢可是工业时代的代表呀！由此可见，在那个年代，人们对塑料的依赖和需求就已经很高了。

"塑料岩石"

苏轼在《赤壁赋》里写道："寄蜉蝣于天地，渺沧海之一粟。"古人尚且认为人和蜉蝣的存在其实都是渺小且短暂的，那么什么东西能算作是长久的呢？"山无陵，天地合"里面的山应该算是了吧，山又是岩石组成的，所以岩石算是坚不可摧的东西了。但就是这样坚硬的岩石还是逃不掉塑料的危害。

2023年4月，一个国际研究团队发现了一种新的塑料污染形式——塑料垃圾薄膜与岩石发生化学反应，并结合成"塑料岩石"。

⊙塑料岩石

值得令人深思的是，这块塑料岩石是在巴西一个叫特林达德岛上的一个火山上发现的。特林达德岛的特别之处在于，它是一

157

个与世隔绝的岛屿，几乎是没有人类活动的。这就是说，在这个岛上与岩石发生反应的塑料垃圾，有极大的可能就是来自海洋里的塑料垃圾。

塑料垃圾、塑料污染除了给海洋和人类健康带来灾难外，令人感到不安的，还有它会对土壤环境、气候变化和经济造成严重的影响。

权威的调查表明，聚苯乙烯这种塑料在土壤、污泥、腐烂垃圾甚至是粪肥微生物群落里，哪怕经历了 4 个月的时间也仅仅能降解 0.01% 到 3%。也因此，我国农用农地膜，每年就有近一半的用量会残留在土壤中。

一物降一物——塑料的有机降解

废弃的塑料这么难搞，难道这个世界上就没有东西能治得了它了吗？吴承恩有句话写得好——此一时，彼一时，大不同也。常言道"一物降一物"！对，这"一物降一物"说的就是世间万物相生相克的意思。好比妖精会被孙悟空消灭，孙悟空又逃不出如来佛的手掌心一样。按照这个逻辑来说的话，既然我们这个世界上出现了塑料，那么就一定有能消灭塑料的东西。

果不其然，塑料的生物降解被证实了。

2015 年，北京航空航天大学杨军教授研究组和江雷院士、美国斯坦福大学吴唯民高级研究员及深圳华大基因公司赵妓博士，合作发表研究论文。证明了黄粉虫，俗称面包虫的幼虫，可以降解聚苯乙烯这类最难降解的塑料。

他们将聚苯乙烯泡沫塑料，作为黄粉虫幼虫唯一的进食来源，最后聚苯乙烯被完全降解矿化为二氧化碳或同化为虫体脂肪。

看一眼
就记得住的地理学常识

塑料的优缺点

优点	塑料不仅制造成本低，而且质量轻，防水耐用。另外大部分塑料的抗腐蚀能力还强，也是很好的绝缘体。塑料能很容易地被塑制成不同形状，制作成各类实用的物品。塑料还能用来制备燃料油和燃料气，以降低原油消耗
缺点	塑料的耐热性差，易于老化，并且在回收利用废弃塑料时，分类也十分困难。另外，塑料容易燃烧，燃烧时会产生甲苯、氯化氢等有毒气体。在高温环境下，塑料还会分解出有毒成分苯等。最叫人头疼的是塑料无法自然降解，即便被埋在地底下，也需要几百年的时间才会腐烂

4 可怕的雾霾，正在侵入我们的生活

有一个叫小仲马的法国人写了一本爱情小说叫《茶花女》，它被一个意大利人威尔第改编成了歌剧《茶花女》。英国人喜欢看歌剧，于是歌剧《茶花女》被安排在伦敦的一个剧院里演出，时间是1952年12月初。

但剧院却在演出前紧急取消了这场表演，不是因为英国人不想看《茶花女》了，也不是因为英国人不想买单了，而是因为他们出不了门啊。因为从12月初开始，伦敦就出现了很浓很浓的大雾天，并且雾里还带着一股臭鸡蛋的味道。

街上开车的人根本看不清前面的车况，不得不一边开车一边把头探出窗外仔细观察。即便是很小心仔细地查看了，车还是比乌龟走得慢。伦敦的船只、火车还有飞机也都动不了了。大家出一趟门回来，嘴巴、鼻孔甚至脸上都是黑的。还有一个岛上的人说，他走路的时候甚至看不见自己的脚……

难以想象当时伦敦的雾该有多大呀，就是大到可以让人隐身的程度了呗。也是因为浓雾的掩盖，伦敦出现了多起孩子走丢案、拦路抢劫案、入室抢劫案。为了居民的安全，政府建议大家不要出门，尤其是孩子。

这样就能解释为什么著名的《茶花女》竟然被冷落了。其实呀，刚才讲的这个故事是人类历史上非常严重的一次大气污染事件。它叫作"1952年伦敦烟雾事件"，要说《茶花女》是两个人的凄美故事的话，"1952年伦敦烟雾事件"就是人类的悲惨世界了。

这场烟雾在 1952 年 12 月 "杀" 死了 4000 多人，接着因为烟雾的后续影响，在次年 1 月和 2 月又死了至少 8000 人。

看一眼就记得住的知识点

令"雾都"成为"有毒雾都"的凶手是谁？

英国是大西洋中的一个岛国，伦敦处于英国东南部的一块盆地上。这在地理位置上就导致了伦敦是一个多雾的城市。伦敦因此又被叫作"雾都"。

随着 19 世纪末期第二次工业革命的兴起，伦敦开始大量地使用煤炭。城市发电用煤，火车运行需要煤炭。

煤炭燃烧会向空气中排放二氧化碳、一氧化碳、二氧化硫、二氧化氮等物质。这些物质混入伦敦的大雾中，随雾气进入人的口腔，会导致人体出现胸闷感。还会诱发支气管炎、肺炎、心脏病等，使人窒息死亡。正因为这些物质的混入，才使得伦敦原本纯净的雾气也变了颜色，变了气味。浓雾犹如毒气一般，经久不散，时刻笼罩着伦敦。

终于，伦敦派出了他们科学界的福尔摩斯去调查真凶，最后发现凶手不是雾都的雾，而是一种叫雾霾的家伙！是它挟持了原本纯净的雾气，这才让伦敦人遭了殃。

看一眼必须收藏的知识点

雾霾上热搜了

雾，是接近地面的水蒸气遇冷凝结后飘浮在空气中的微小水珠。

霾，是空气中因悬浮着大量的烟尘微粒而形成的浑浊现象。

雾霾，就是雾和霾的组合。主要由微小水珠、二氧化硫、氮氧化物和可吸入颗粒物这几种物质组成。

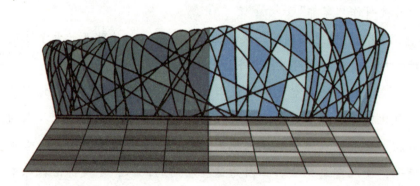

⊙雾霾天（左）与晴朗天（右）的对比

　　这个可吸入颗粒物就是大家耳熟能详的"PM_{10}"，它就是混入雾气中，让雾变黑，让天空变暗沉的元凶。而$PM_{2.5}$，就是直径小于等于 2.5 微米的污染物颗粒。不仅如此，$PM_{2.5}$ 还是重金属、多环芳烃等有毒物质的载体，可谓是毒得不能再毒了呀！

　　虽然从工业革命开始，雾霾就已经开始影响人们的生活了，但人们真正开始重视雾霾还是从 21 世纪开始的。

　　2013 年，"雾霾"在我国成为年度关键词。起因就是"2013 年中国中东部严重雾霾事件"。2013 年的 12 月，天津、河北、山东、江苏、安徽、河南、浙江、上海等多地空气质量指数达到六级严重污染级别，使得京津冀与长三角雾霾连成一片。次年，国家首次将雾霾天气纳入 2013 自然灾情，并进行了通报。

看一眼必须背会的知识点

蓝天保卫战

　　过去 30 多年我国经济迅猛发展，使我国成了世界第二大经济体，然而我们也付出了大气污染的代价。又伴随着中国对化石燃料消耗的不断增长，中国各个城市出现雾霾天气的情况日益加剧。

　　2017 年 3 月 5 日，"蓝天保卫战"正式被提出来。国家加强了工业气体、车辆废气排放标准和工业锅炉的改造，并淘汰小型污染工厂和过时的工业产能，还在住宅区推广清洁燃料的使用，并对居

民进行电力补贴，提倡减少使用一次性的塑料制品等。在此期间，中国所有城市的$PM_{2.5}$浓度平均下降了2%。

国家还大力发展清洁能源，推广风能、太阳能、水力发电等代替化石燃料的使用。我国风电聚集地区的风电装机容量和发电量，已经超过了世界其他地区。此外，中国还是世界上最大的太阳能生产国，中国的三峡大坝工程是世界上最大的水力发电项目之一。

知识岛

雾霾天的自我保护措施

首先，雾霾天要少开窗，尽量在中午阳光充足、污染物较少的时候短时间开窗换气。

其次，少出门。老人、小孩和孕妇以及体弱的人群尤其要避开雾霾天出门。即使是出门了，也要做好自我防护，比如佩戴防霾的$PM_{2.5}$口罩、防霾鼻罩等。外出回家后，要记得深度清洁裸露在外的皮肤和毛发。

再次，步行的人应尽量远离马路，避免因视线不清而导致车祸。开车的人尽量避开拥堵路段，上下班高峰期路段，以及晚间大型汽车进入市区的那些时间段。

最后，大家可以选择在室内锻炼身体，多喝水并补充钙和维生素D。

看一眼
就记得住的地理学常识

雾霾的来源

汽车尾气	汽车尾气中未燃烧的碳氢化合物（HC）、颗粒物（PM）和臭味气体等
工业排放	冶金、机电制造业，还有大量汽修喷漆作业、建材生产等窑炉燃烧排放的废气
建筑、交通扬尘	建筑工地和道路交通产生的扬尘
垃圾焚烧	有毒气体和不能完全燃烧的烟尘
冬季取暖烧煤	冬季取暖烧煤，使空气中粗颗粒物 PM_{10} 和细颗粒物 $PM_{2.5}$ 浓度增加
火山喷发	火山喷发排入空气中的尘埃、颗粒和有害气体

5　空中死神——酸雨

你见过下得最久的雨持续时间有多久，几个小时，几天，还是几个月？

地球上有一场雨，它整整持续了200万年之久。时间发生在2.5亿年前的二叠纪末期和2亿年前的三叠纪之间，科学家们把它定义在了2.33亿年前。

这场雨的起因，是地球上发生了一场超大规模的火山爆发，从火山内部喷发出了大量的温室气体，这些温室气体进入大气层后，导致全球气温升高了6～8摄氏度，引发全球降雨剧增。温室气体里的酸性气体二氧化碳和二氧化硫又将这场雨变成了酸雨！

酸雨，不是说这雨的味道是酸的。它是指PH低于5.6的酸性降水。

这场下了200万年的酸雨，直接导致当时地球上生物的大灭绝，也就是"卡尼期洪积事件"。要说当时的地球生物都痛恨死了这场酸雨的话，那就只有后来的恐龙会感激它了。因为正是这场酸雨的发生，才有了后来恐龙的出现，并在地球上称霸了近亿年。

其实酸雨离我们并不是上亿年那么远，它时不时地就会在我们生活里出现并造成灾害。1984年，重庆南山地区大量马尾松突然死亡，死亡面积占整片林区面积的三分之一以上。当时重庆每10场雨水就有8场是酸雨。重庆所在的四川盆地也因此和西欧、北美一起被称为"世界三大酸雨污染区"。

看一眼就记得住的知识点

细数酸雨的"三宗罪"

我们都在电视里见过枪林弹雨的恐怖画面，那种看得见的威胁，会立刻让人们感到危险将至。而酸雨呢，即便它真的淋在了我们身上，或许一开始大家都不会有什么强烈的反应。但是酸雨它可以一次又一次地从天而降，反复侵蚀钢筋水泥、岩石山脉和良田森林，直到它们不复存在。

酸雨是雨、雪等在形成和降落过程中，吸收并溶解了空气中的二氧化硫、氮氧化合物等物质后，形成的PH低于5.6的酸性降水。主要是人为地向大气中排放大量酸性物质造成的。当然，人类也为此付出了沉重的代价。

第二次工业革命之前，美国所在的北美洲生态还是很好的，至少湖泊里生物种类丰富且生态平衡。后来，随着美国工业的发展，国内的工厂、汽车以及居民家庭开始大量燃烧煤炭，并把未经处理的燃煤废气排入大气中。这直接导致了工业发达地区的酸雨增多，酸雨降入湖泊，让湖中生物无法存活，几乎全部死去。大量原本生机勃勃的湖泊，相继都陷入死寂。

除了湖中生物，酸雨同样不会放过的还有森林。以德国为例，在黑森州，全州 57% 的松树受到酸雨的侵害。因为森林中枞树和松树发黑的现象，这里也被人们称为了"黑森林"。还有德国的鲁尔工业区，这个工业区周围的森林里，树是秃顶的，鸟是死的，地上到处是各种昆虫的尸体。并且在这里，每年都有数以万计的儿童感染特殊的喉炎症。

在德国、捷克和波兰接壤处的苏台德山脉，有一个三角地带，这个三角地带被林木覆盖，原本是山清水秀、鸟语花香的仙境。后来这片三角地带有了炼钢厂、煤厂、化工厂等，大量高浓度的工业废弃物和硫酸化合物从工厂排放出来。酸雨开始降临到这片仙境，苍劲的树干因为酸雨的侵蚀被剥离掉树皮，变成了黑色的枯木，从此这里再也没了鸟语花香。

尽管这些灾难都是酸雨导致的，但究其源头，还是因为人类对化石能源的不科学使用而犯下的罪行。

看一眼必须收藏的知识点

酸雨最早是由谁提出来的？

酸雨，最早是在 1872 年，由英国化学家史密斯在《空气和降雨：化学气候学的开端》一书中提出来的。

酸雨其实就是酸性沉降中的湿沉降。酸性沉降可分为湿沉降和干沉降。

湿沉降指的是所有气状污染物或粒状污染物，随着雨、雪、雾或雹等降水形态而落到地面的沉降。

干沉降是指在不下雨的日子，从空中降下来的落尘所带的酸性物质。

酸雨是全球三大环境危害之一，全球三大酸雨区分别是西欧、北美和东南亚。20世纪70年代以后，随着工业的发展，我国也出现了大范围的酸雨危害，中国酸雨区是世界三大酸雨区之一——东亚酸雨区的一部分。

我国三大酸雨区分别为：

1. 华中酸雨区：它已成为全国酸雨污染范围最大，中心强度最高的酸雨污染区。

2. 西南酸雨区：是仅次于华中酸雨区的降水污染严重区域。

3. 华东沿海酸雨区：它的污染强度低于华中、西南酸雨区。

看一眼 必须背会的知识点

酸雨的形成

酸雨的形成离不开两种物质——二氧化硫和氮氧化物。

二氧化硫主要来自矿物燃料的燃烧，二氧化硫与空气和云层中的水发生反应，形成亚硫酸。亚硫酸非常容易与氧气发生反应，被氧化为酸性更强的硫酸，硫酸随雨水下降到地面形成酸雨。这种酸雨被叫作硫酸型酸雨。

氮氧化物主要来自燃烧石油产品时产生的烟雾，比如汽车尾气。氮氧化物会和空气中的水结合形成硝酸，硝酸随雨水下降到地面，进而形成酸雨，这种酸雨叫作硝酸型酸雨。

那么人类能做些什么来减少这种污染呢？

一方面需要大力推广煤炭脱硫，以起到减少二氧化硫排放的效果。另一方面，要减少燃油车车辆的数量，并且开发利用新能源和清洁能源，比如太阳能、风能、核能、天然气、液氢等。

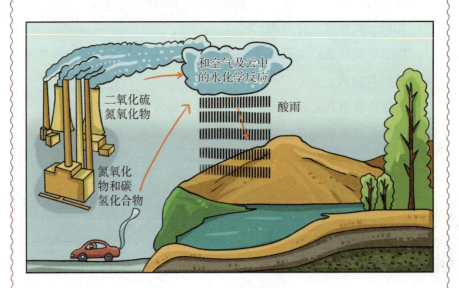

⊙酸雨的形成

看一眼
就记得住的地理学常识

形成硫酸型酸雨的两种方程式

$$2SO_2+O_2 \xrightarrow{\text{粉尘（催化剂）}} 2SO_3$$
$$SO_3+H_2O=H_2SO_4$$

$$SO_2+H_2O=H_2SO_3$$
$$2H_2SO_3+O_2=2H_2SO_4$$

6　你知道生态系统里的食物链吗？

　　当年孙悟空大闹天宫，天庭下十万天兵天将都打不赢他。就连哪吒三太子和托塔天王李靖也都成了孙悟空的手下败将。观音菩萨向玉帝推荐了司法天神二郎神，于是二郎神奉命去擒拿孙悟空。

　　他们俩在打斗的过程中较量了"七十二般变化"，最后是二郎神赢了。具体是什么样的呢？先是二郎神变得身高万丈，孙悟空一看简直小意思呀，他也同样变得身高万丈。

　　孙悟空接着变成了一只麻雀，二郎神立马变成一只老鹰，俯冲着去追麻雀。这个时候麻雀成了老鹰的猎物，老鹰可以轻松地捕获麻雀并把它吃掉。

　　孙悟空见状不好，立刻从麻雀变成了一只大鹚老，二郎神紧随其后，从老鹰变成了一只大海鹤。这时，大鹚老成了海鸥的猎物。

　　在孙悟空和二郎神的斗法中，动物与动物之间呈现出了猎物和狩猎者的对立面，这便是所谓的克星、所谓的血脉压制了。科学点的解释就是，生态系统中食物链里的一小段食物链。

食物链里的"血脉压制"

　　生态系统，指在自然界一定的空间内，生物与环境构成的统一整体。在这个统一整体中，生物与环境之间相互影响、相互制约，并在一定时期内处于相对稳定的动态平衡状态。

　　地球最大的生态系统是生物圈，生物圈里有很多张生物网，每一张生物网都由众多复杂且巧妙的生物链组成。

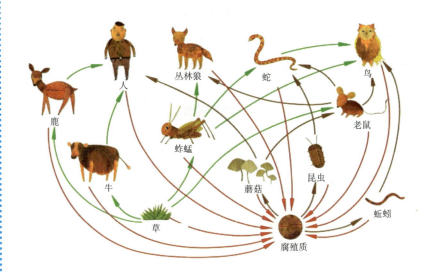

⊙生物网

　　食物链是指生态系统中，各种动植物和微生物之间由于摄食关系而形成的一种联系。因为这种联系就像链条一样，一环扣一

环,所以被称为食物链。

食物链由生产者、消费者和分解者三个部分组成。

生产者指的是能够进行光合作用的生物,包括植物、蓝藻和某些原核生物等。

消费者是指依靠其他生物体摄取有机物质,并将其转化为自己的能量和物质的生物。食物链消费者一般分为四级:

一级消费者是食草动物。

二级消费者是捕食食草动物的食肉动物。

三级消费者是捕食小型食肉动物的大型食肉动物。

四级消费者是以第二、三级消费者为食物的食肉动物。

分解者是指能够分解死亡生物体和有机废物的生物。生态系统中常见的分解者包括:细菌、真菌、放线菌,以及一些寄生虫、昆虫等具有分解能力的生物,也包括某些腐食性动物。

⊙海洋中的食物链

以海洋中的食物链为例，图中的氮和磷是食物链里的能量供给者，它们通过被绿藻吸收进入食物链当中。

绿藻是生产者，也是第一营养级。浮游生物是初级消费者，属于第二营养级。小鱼是二级消费者，属于第三营养级。大鱼是三级消费者，属于第四营养级。通常，一条食物链里的营养级不会超过五级。

看一眼必须背会的知识点

四大食物链

根据食物类型的不同，食物链可分为捕食食物链、腐食食物链、混合食物链和寄生食物链四种类型。

捕食食物链是以直接消费活有机体为特点的一种食物链。

如：青草→野兔→狐狸→野狼。

腐食食物链是以死的有机体或生物排泄物为食物，通过腐烂、分解，将有机物分解为无机物质的食物链。

如：碎藻→虾→鱼→鸬鹚。

寄生食物链是以小生物寄生于大生物的身上，并以大生物的营养为生而构成的一种食物链。

如：猴子→跳蚤→细菌→噬菌体。

最后一种混合食物链，是既有活食性生物又有腐食性生物的一种食物链。

看一眼
就记得住的地理学常识

食物链中的能量金字塔

第 八 章

我们生活的大洲
——亚洲

1　亚洲在哪里？

　　地球上有七大洲五大洋，其中七大洲按陆地面积，由大到小排列是：亚洲、非洲、北美洲、南美洲、南极洲、欧洲、大洋洲。

　　五大洋是全球水域分成的五大区的总称，它们是太平洋、大西洋、印度洋、南冰洋和北冰洋。其中太平洋最大，其次是大西洋，第三是印度洋，第四是南冰洋，老么是北冰洋。

　　了解了七大洲五大洋的面积大小排名后，重点来聊一聊亚洲吧，老规矩，还是由一个小故事开头。

　　2000年前，在亚洲西面的地中海东岸，有一个非常古老的民族，他们就是腓尼基人。他们主要生活在今天的黎巴嫩和叙利亚沿海一带。腓尼基人非常擅长航海，他们不仅在地中海频繁地活动，还常常出入大西洋。"亚洲"这个名字的来源，就跟腓尼基人有关。

　　你或许会思考一个问题，2000年前的中国正处于汉朝的统治之下，那么当时是怎么称呼亚洲这块大陆的呢？其实在中国古代，直到明朝时期，中国人才开始叫亚洲为亚细亚，也就是亚细亚洲——亚洲的别称。在此之前，古代中国人的意识里是没有亚洲的概念的。

因为在古代，中国人认为天是圆的，地是方的。我们中国就位于天地的正中间，周围其余的地方皆是蛮荒之地，蛮荒之地的尽头便是海洋。海洋的尽头就是万丈深渊，你要再继续走，掉下去小命可就不保了。因此，给亚洲取名字这件事情，就跟我们没多大关系了。

腓尼基人在望不到头的海上航行着，他们总需要有方向的指引吧！可惜那时候中国的指南针还没有发明出来呢。腓尼基人总是有办法的，他们选择太阳作为参照物，把地中海东面的那一片大陆称为"Asu"，意思是"太阳升起的地方"。后来"Asu"一词逐渐演化为我们熟知的"Asia"，也就是亚细亚。于是，亚洲这块地球上最大面积的大洲，就有名字了。

看一眼就记得住的知识点

太阳升起的地方——亚洲

亚洲的全称是"亚细亚洲"，是七大洲中面积最大、人口最多的一个洲。亚洲东西距离约为 18040 千米，也是世界上东西距离最长的大洲。

亚洲面积约为 4400 万平方千米，东达太平洋，南抵印度洋，北至北冰洋，横跨北半球热带、温带和寒带。

亚洲人口超过 46 亿，约占世界总人口的 58%（2019 年世界人口 76.74 亿，亚洲人口 46.01 亿），位居世界第一位。

亚洲有着非常辉煌且悠久的历史文化。世界四大文明古国中的中国、古印度和古巴比伦都位于亚洲大陆。世界三大宗教——

佛教、伊斯兰教、基督教都在这里发源。同时亚洲也是印度教、道教等宗教的发源地。

中国人在这块大陆上发明了指南针、造纸术、印刷术和火药。阿拉伯人在这块大陆上发明了十进制计数法和代数学等重要概念。犹太人在这块大陆上创作了《塔木德》，苏美尔人创造了楔形文字……还有长城、泰姬陵、吴哥窟等著名的建筑仍然在彰显着亚洲的雄风。

 看一眼必须收藏的知识点

亚洲6分区

根据自然环境和人类活动特色的不同，亚洲又被分为东亚、南亚、东南亚、中亚、西亚和北亚6个地区。

东亚

是指亚洲的东部地区，包括中国、日本、韩国、朝鲜和蒙古国。

南亚

指亚洲的南部地区，包括印度、马尔代夫、不丹、斯里兰卡、巴基斯坦、孟加拉国和尼泊尔。

东南亚

指亚洲东南部地区，包括新加坡、马来西亚、印度尼西亚、泰国、越南、老挝、菲律宾、柬埔寨、缅甸、文莱和东帝汶。

中亚

指亚洲中部地区，包括了土库曼斯坦、乌兹别克斯坦、吉尔吉斯斯坦、塔吉克斯坦和哈萨克斯坦。

西亚

指亚洲西部地区，包括土耳其、以色列、伊朗、伊拉克、叙利亚、黎巴嫩、巴勒斯坦、约旦、科威特、沙特阿拉伯、也门、阿曼、阿拉伯联合酋长国、卡塔尔、巴林、格鲁吉亚、阿富汗、亚美尼亚和阿塞拜疆。

北亚

指俄罗斯亚洲部分的西伯利亚地区。

在亚洲有 4 个发达国家，它们分别是东亚的韩国和日本，东南亚的新加坡和西亚的以色列。

看一眼必须背会的知识点

亚洲的中心在哪里？

放眼整个地球，亚洲具体在哪里呢？它大致位于地球北纬 81° 到南纬 11°，东经 26° 和西经 170° 之间。亚洲的最东端是白令海峡，最西端是地中海海滨，最北端是北地群岛，最南端是努沙登加拉群岛。

亚洲与非洲的分界线为苏伊士运河。亚洲与欧洲的分界线为乌拉尔山脉、乌拉尔河、里海、大高加索山脉、土耳其海峡和黑海一线。从以乌拉尔山脉为分界线可以看出，其实欧洲大陆和亚

洲大陆是连在一起的两个大陆。由欧洲和亚洲组成的这块大陆，叫作"欧亚大陆"。

亚洲的地形以高原、山地为主。中间高、四周低，地势起伏大。中部是帕米尔高原和青藏高原。东部有东北平原和华北平原。南部有印度河平原和恒河平原。西部有伊朗高原。北部有西西伯利亚平原和蒙古高原等。

亚洲的山脉主要有天山山脉、昆仑山脉、喜马拉雅山脉、阿尔泰山脉、兴都库什山脉、厄尔布尔士山脉、托罗斯山脉和扎格罗斯山脉等。

亚洲的盆地主要有塔里木盆地、准噶尔盆地、柴达木盆地等。

亚洲主要的平原有东北平原、华北平原、长江中下游平原、印度河平原、恒河平原、美索不达米亚平原、西西伯利亚平原等。

亚洲最中心的点，也叫作"亚心"，意思是亚洲大陆地理中心。它位于我国乌鲁木齐市西南30千米处的永丰乡包家槽子村。"亚心"的地理坐标为：北纬 43°40′37″，东经 87°19′52″。

⊙亚洲地理中心

1992年，当科学家们第一次来到包家槽子村时，这个村还是一个非常贫穷的、仅有30余户人家的村子。因条件有限，所以科学家只在"亚心"的位置立了一根木桩，作为亚心的标志。

现在"亚心"的标志是一座高18米，极具亚洲特色的高塔，叫作"亚心"塔。

知识岛

千变万化的亚洲气候

亚洲大陆跨寒、温、热三带，形成了亚洲特有的气候特点：一是大陆性气候分布范围广且强烈。

亚洲是世界大陆性气候最强烈的大洲，主要表现为温带大陆性气候的特征——冬季寒冷、夏季温暖，春温高于秋温，年温差大于日温差。

例如，冬季1月份北半球气温最低的寒极区奥伊米亚康，这里的极端最低气温曾达零下71摄氏度，是北半球气温最低的地方。

夏季，伊拉克巴士拉的极端最高气温曾达到58.8摄氏度，是世界上最热的地方。

亚洲地区降水分布的差异也非常大，像印度东北部的乞拉朋齐，这里平均年降水量高达11550毫米。而西亚和中亚地区，年降水量却在200毫米以下。

二是季风气候显著。

亚洲冬季盛行偏北风,降水较少;夏季盛行偏南风,降水丰沛。亚洲属于雨和热同期发生的典型季风性气候特征。这样的季风性气候非常有利于农业生产,缺点是降水不稳定,容易导致旱涝灾害的发生。

亚洲的季风气候有三种,它们分别是温带季风气候、亚热带季风气候和热带季风气候。前两种出现在亚洲东部地区,热带季风气候出现在亚洲南部地区。

三是亚洲气候类型复杂多样,并且各地区气候差异很大。

看一眼 必须收藏的知识点

亚洲的9种气候类型

亚洲一共有9种显著的气候类型,除了已经介绍过的温带大陆性气候、温带季风气候、亚热带季风气候和热带季风气候,还有以下几种:

热带雨林气候

热带雨林气候主要存在于马来群岛。这里一年中没有四季变化,只有夏季。这里森林茂密,四季常青。

地中海气候

地中海气候出现在地中海沿岸一带,这里的气候特征表现为夏季炎热干燥,冬季温和多雨。

热带沙漠气候

阿拉伯半岛常年干旱少雨，沙漠广布，就是属于这种气候。

高原山地气候

在青藏高原和一些高山地区，自然景观呈明显的垂直变化，就是属于典型的高原山地气候特征。

寒带气候

北冰洋沿岸地带，一年中的大部分时间都是被冰雪覆盖着的，这便是典型的寒带气候特征。

看一眼就记得住的知识点

这些河川只有在亚洲才能看到

亚洲是七大洲中汇集大江大河最多的大陆，这些河川大都发源自亚洲中部山地，最后注入太平洋、印度洋和北冰洋。

注入太平洋的河流有中国的黑龙江、黄河、长江、珠江，以及澜沧江等。

澜沧江，发源于中国唐古拉山的东北坡，流经中国、老挝、缅甸、泰国、柬埔寨和越南，最后在越南的胡志明市流入南海。这条河在中国境内被称为澜沧江，流入中南半岛后的河段则被称为湄公河，是一条非常重要的国际性河流。

注入印度洋的河流有印度河、恒河、萨尔温江、伊洛瓦底江、底格里斯河、幼发拉底河等。

185

怒江，发源于西藏自治区那曲市安多县境内，流经中国的云南，再流入缅甸，最后注入缅甸东南部的马达班海湾。这条河在缅甸的部分被称为萨尔温江。

伊洛瓦底江是缅甸境内第一大河流。

底格里斯河和幼发拉底河是人类文明的发源地之一。在亚洲，人类文明的发源地还有中国的黄河流域。只是黄河最后注入的海域是渤海。

注入北冰洋的河流有鄂毕河、叶尼塞河、勒拿河等。

除了河流，亚洲还有很多世界之最的湖泊：

里海是世界第一大湖，也是世界最大的咸水湖。

贝加尔湖是世界最大的淡水湖，也是世界上最深的湖泊。贝加尔湖底最深处达 1620 米。

死海是世界陆地最低点。

巴尔喀什湖是一个同时存在着淡水和咸水的内陆湖。

看一眼
就记得住的地理学常识

亚洲 20 国首都

中国	日本	韩国	柬埔寨	蒙古	朝鲜	越南	老挝	缅甸	泰国
北京	东京	首尔	金边	乌兰巴托	平壤	河内	万象	内比都	曼谷
菲律宾	马来西亚	印度尼西亚	新加坡	文莱	东帝汶	尼泊尔	不丹	印度	巴基斯坦
马尼拉	吉隆坡	雅加达	新加坡	斯里巴加湾市	帝力	加德满都	廷布	新德里	伊斯兰堡

2 千岛之国——日本

　　说起日本的现代文化，不得不让人联想到两个词语，一个是"动漫"，还有一个就是"Cosplay"（角色扮演）。

　　日本的动漫在全世界都是非常受欢迎的，像哆啦A梦，以及深受男孩子们喜欢的奥特曼等，都是有名的动漫人物。日本有很多年轻人投身动漫行业，他们擅长绘画和撰写脚本，他们就是漫画家。

　　为了促进日本与世界的漫画文化交流，鼓励全世界才华横溢的动漫人才投身动漫行业，日本在2007年5月，设立了"国际漫画奖"，期许这个奖项能成为"漫画界的诺贝尔奖"。

　　在第一届国际漫画奖上，中国香港动漫家李志清的作品《孙子兵法》，荣获国际漫画奖的金奖。李志清的动漫作品极具中国风，他用水墨工笔把中国画的意境呈现在漫画里。他的个人作品还有《无名英雄》《妖神传说》《烈神》《项羽刘邦》《水浒传》等。

　　"Cosplay"是1984年由日本动画家高桥伸之提出来的，在我们中国习惯性的叫法是角色扮演。角色扮演是通过服装、道具、化妆、造型等方式，借助摄影、舞台剧、摄像等形式，对出现在动画、漫画、游戏作品中的某个角色，或者某段剧情进行现实还原的活动。

随着动漫文化的发展和演变，在我们中国逐渐演变出了角色扮演的亚文化。尤其是在上海、成都这类时尚且多元化的城市中，每当有大大小小的动漫展览时，就会看到很多年轻的角色扮演者。

看一眼就记得住的知识点

从习俗了解日本

大家看日本原声动漫的时候，大概率会跟着动漫人物念儿句日常的日语。像当年很多人在看《火影忍者》的时候，就会跟着鸣人叫卡卡西为"sensei"。

"sensei"在日语里是老师的意思，日本人的名字由姓氏加名组成。姓在前，名在后，这个和我们中国一样。而当称呼别人时，一般会在对方姓氏后加"sensei"这样代表职业或者身份的后缀，表示对这个人的尊称。

中国的汉字有很多也被运用在了日语里，尤其是在一些标语和提示语上面。比如在机场、地铁站、公交站、商场、酒店、餐厅等公共场合，通常会看到写着汉字的提示牌。据不完全统计，在日本的日常生活中使用的汉字有2136个，而且日本政府还规定在小学阶段，日本小学生要学习和掌握1006个汉字。

除了日语外，日本在礼仪方面也很有自己的特色。

日本人在吃饭之前，会端庄地坐在食物面前，双手合十，先虔诚地看着食物说一句"我要开动了"，然后再吃。这个在动漫里也是会经常看到的场景。他们之所以这样做，是因为他们认为这是对

食物的尊重。好比我们的诗句——"锄禾日当午，汗滴禾下土"。

日本有跪拜礼，跪拜其实是源于中国的儒家思想。但随着历史的演变，中国人认为"男儿膝下有黄金"，跪拜的对象变成了天地和父母。但日本是一个等级森严的社会，他们非常注重等级关系，因此跪拜礼依然存在。

在社交的时候，他们还有一个习惯，就是凡事先道歉，开口第一个词语就是"对不起"，然后才会开启接下来的话。我们说"对不起"这三个字的时候，一定是出于自己理亏了或做错事了，但日本人不是，无论他们当下是有理还是没理的一方，双方开口第一句都是"对不起"。

日本还有一些和中国截然相反的习俗，比如他们吃东西的时候要发出声音，这样才能体现出食物的美味。尤其是在吃面条的时候，嗦面的声音越大，做面条的人就会越高兴。因为这是对面条的赞美，以及对厨师手艺的肯定。

还有就是在日本，人们通常挂的灯笼是白色的，他们认为白色象征着纯洁，是神圣的代表。所以，在日本，人们会在庙宇、神社，以及街道上挂出白色的灯笼，这和我们中国人喜欢挂红色的灯笼也是不一样的。

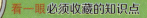

看一眼必须收藏的知识点

非主流的知识——《山海经》里的扶桑树在日本？

《山海经》里说，黑齿国有一个地方叫汤谷。汤谷中生长着一棵扶桑树，那里是十个太阳洗澡的地方。汤谷，就是传说中东方太阳升起的地方。这样一看，除了方位以外，扶桑树好像和日本也没什么明确的关系。

再来看看《三国志·魏志·倭人传》是怎么记载的吧！书中记载，"有裸国、黑齿国复在其东南，船行一年可至"。书里的黑齿国，指的就是现在的日本列岛。

还有一本日本平安时代的书叫《扶桑略记》。书上说扶桑国人以扶桑果实为食，以树皮绩布为衣，以扶桑皮为纸。日本后世还用扶桑作为日本的代称，并且日本的圣山富士山也被叫作扶桑山。

由这些种种看来，《山海经》里的扶桑树还真有可能就在日本了。最后真相如何，还有待各位"名侦探柯南"去考证。

看一眼必须背会的知识点

看到这些，你就看到了日本

历史上，日本有大和、东瀛、扶桑等别称。而"日本"这个称呼，根据考古发现最早出现在公元678年中国西安的《祢军墓志》上。

日本的早期文明有：绳文时代、弥生时代和古坟时代。另外还有飞鸟时代，佛教在这个时期传入日本，日本派遣使节和留学生到隋朝学习。

奈良时代，日本最早的史书《古事记》《日本书纪》编成。

平安时代，庄园制度让开垦耕地的人永久拥有耕地。

幕府执政，中国元世祖忽必烈曾两次征日未果。

安土桃山时代，大阪城完工。

明治维新时代，日本引入欧美各种制度及进行废藩置县等改革，这些改革被称为明治维新。

在明治维新时代，日本的领土得到了扩张。

大正时代，第一次世界大战爆发，1923年关东大地震发生。

昭和时代，1937年12月13日，日本侵略军攻占南京，在南京及附近地区进行了40多天的血腥屠杀，制造了惨绝人寰的"南京大屠杀"。

平成时代，日本实现战后以来真正意义上的"政权更迭"。

2019年4月1日，日本启用"令和"为年号。

2023年8月24日，日本福岛第一核电站启动核污染水排海。

知识岛

浅看日本

日本是世界第三大经济体，位于太平洋西岸，西与中国、朝鲜、韩国、俄罗斯相望。日本是一个形如海马的岛国，由北海道、本州、四国、九州四个大岛及其附近的一些小岛组成，因此日本又被叫作千岛之国。

由于地处环太平洋火山地震带，因此在日本有着频繁的地震和火山活动。据不完全统计，日本平均每年有1500次大大小小的地震发生。日本四季变化分明，常年温和湿润，属于温带海洋性季风气候。

日本河流密布，水资源丰富。但自然资源贫乏，工业生产所需的主要原料、燃料等，大多都要从海外进口。

日本的森林覆盖率约为67%，是世界上森林覆盖率最高的国家之一。但是日本却是世界上进口木材最多的国家，本国木材的自给率仅为20%，由此不难看出，日本非常重视对本国森林资源的保护。或许正是因为他们认为国土面积不大，并且又是地质灾害频发的岛国，才更有保护本国自然资源的紧迫感吧！

日本虽然国土面积不大，但是日本专属经济区的面积，却约有着国土面积的10倍之大。日本有着非常丰富的渔业资源，光是北海道地区和日本海，就盛产700多种鱼类，北海道渔场也是世界上著名的大渔场。

看一眼必须收藏的知识点

从城市了解日本

东京

一座世界级的大都市，全球金融中心之一，也是日本最大的城市。在日本，有三分之一的大学设立在东京，像有名的东京大学、早稻田大学等。日本80%的出版社都在东京，强有力地推动着日本的小说、动漫、电影等产业的高质量发展。

东京不仅文化氛围浓厚，还是时尚潮人的聚集地，街上的路人

穿着前卫、妆容考究。全球几乎所有知名的时尚品牌，你都能在东京找到它们的影子。

另外，你还会看到很多国际级别的盛会和活动在东京举办。繁华的街道上，无处不彰显着东京的国际范儿。

东京还有着很多世界知名的景点，比如东京塔、银座和浅草等。东京塔是很多人都会去打卡的地方，这里的夜景堪称一绝。

大阪

有着"水上城市"的美誉，这要得益于源自琵琶湖的众多河流，这些河流贯穿大阪市，让大阪有得天独厚的条件发展货运，商业繁荣。

由于商业活动的繁盛，还衍生出了一种特有的商业经营方式，被称为"大阪商法"。除了商业发达外，大阪的美食也非常出名，大阪有着"天下厨房"的美称，在日本动漫里经常出现的章鱼烧就是经典代表之一。

大阪发达的水系，也注定了大阪港口的出现。在我国隋朝时期，大阪港起到了促进两国贸易和文化交流的重要作用。

横滨

距离首都东京仅 20 多千米，是日本重要的工业基地之一，地位仅次于东京和大阪，位居第三。横滨的中华街，是中国华侨居住和活动的主要地区，该地区始建于 1859 年。

和中国国内一样，中华街上也开着很多中国餐厅，这些餐厅不仅满足了华人对家乡美食的思念，还吸引了大量日本人来中华街吃中国菜，其中麻婆豆腐和糖醋排骨最受他们的欢迎。

京都

是日本著名的古都，每年都有数以千万的游客慕名而来。京都有着很深厚的日本文化底蕴，曾经是日本天皇的居住地，也曾是日本的首都。

这里保留了很多的庙宇和神社，像大家耳熟能详的清水寺、金阁寺、银阁寺等。古京都遗址，在1994年被列入了世界文化遗产名录。秋天，京都山上的红色枫叶也是值得一看的美景。

札幌

是日本北海道的首府，札幌的原住民是阿伊努人。每年的二月初会举办札幌冰雪节，各种大大小小、千姿百态的冰雕和雪雕将在这里展出。

别看冬季的北海道冷得吓人，但在札幌，即便是海拔1000米高的地方，仍然有温泉。在寒冷冬季的札幌，一边泡着温泉，一边欣赏纷纷飘落的漫天雪花，将是一次令人难忘的美好体验。

看一眼
就记得住的地理学常识

日本的象征

首都	国旗	国徽	国花	国歌
东京	日章旗	菊花纹章	樱花和菊花	《君之代》

3 欢迎来到东南亚

提到东南亚，我们中国人一点也不会陌生。东南亚有半个中国那么大，主要由两部分组成。

一部分是中南半岛。在中南半岛上的国家有缅甸、泰国、老挝、越南、柬埔寨、马来西亚和新加坡。中南半岛的主要河流和山脉为中国所延伸过来，所以自古以来，中南半岛和中国就有"山同脉，水同源"的说法。

另一部分是马来群岛。马来群岛由两万多个岛屿组成，是世界上最大的群岛，分布在太平洋和印度洋之间的海域上。马来群岛诸岛分属印度尼西亚、马来西亚、东帝汶、文莱和菲律宾等国家。

东南亚这11个国家有很多个民族，这些民族各具特色，形成了东南亚独特的风土人情，此外，当地还有众多彰显着不同信仰的名胜古迹。

东南亚的气候为热带雨林气候和热带季风气候。这里有美丽的海滨沙滩、茂密的热带丛林、肥沃的平原和河口三角洲。

这些天赐的良地，让马来西亚成为世界上第二大棕榈油生产国和

出口国，让泰国的天然橡胶生产量位居世界第一，还让印度尼西亚成
为世界上出产椰子最多的国家。

看一眼就记得住的知识点

海上生命线——马六甲海峡

马六甲海峡这个地方，会让你联想到什么呢，"咽喉要道""十
字路口"，还是海盗呢？应该都有吧。一切的一切还得从它的地
理位置说起。

马六甲海峡，位于马来半岛与印度尼西亚的苏门答腊岛之间，
全长约 1080 千米。其西北部最宽达 370 千米，水深 25 米至 150 米，
东南部的新加坡海峡最窄处只有 37 千米。马六甲海峡是连接太平
洋与印度洋的海上通道，是欧洲通往东亚最短航线的必经之地。
因此，马六甲海峡也被称为世界海上运输的"咽喉要道"。

又因为马六甲海峡在南北方向上，分割了马来半岛与苏门答
腊岛两个岛屿，在东西方向上，分割了太平洋和印度洋，所以它还
被称为"十字路口"。

马六甲海峡这个名字是怎么来的呢？它得名于马来西亚的著
名古城——马六甲市。马六甲市是马来西亚马六甲州的首府，其
有着独特的"娘惹文化"。当地人把中国明朝及之前移民过去的
华人，与当地马来人通婚所生的女儿，称为"娘惹"。

马六甲海峡的通航历史长达 2000 多年。约在公元 4 世纪，最
早经过马六甲海峡的航线，是由阿拉伯商人开辟的。他们把从中

国采购的丝绸、瓷器，以及从马鲁古群岛采购的香料，由中国的南海经马六甲海峡，再穿过印度洋，最后运往罗马等欧洲国家售卖。

到了16世纪初，葡萄牙航海家开辟了从大西洋到印度洋的航线。再到1869年，苏伊士运河的贯通，大大缩短了欧洲到东方诸国的航海路线。尤其对于日本、中国、韩国来说，马六甲海峡算是最重要的能源运输通道了。

特别是日本，随着20世纪60年代日本经济的崛起，更加促进了东西方贸易量的上升，进出马六甲海峡的船只量与日俱增，马六甲海峡也成了世界上最繁忙的海峡之一。

日本从中东购买的石油，绝大部分都是通过马六甲海峡运回国内的。因此日本人把马六甲海峡称作"海上生命线"。除了这个美誉之外，马六甲海峡还有"东方明珠"的美誉，这是因为马六甲海峡两岸有着美丽的热带丛林风光。

从16世纪起，马六甲海峡先后被葡萄牙、荷兰、英国和日本占领，直到第二次世界大战之后，马六甲海峡的管辖权才归其沿岸国家所有。2013年，正式归属马来西亚、印度尼西亚和新加坡三国共管。

马六甲海峡地处赤道无风带，这里风力很小，对船只航行阻碍也小，是人们喜欢的风平浪静的航行海峡。马六甲海峡航运繁忙，世界上四分之一的运油船会经过这里。但是不要忽略一点，马六甲海峡有很多地方都比较狭窄，这也是马六甲海峡海盗比较猖獗的一个原因。而且你不要认为海盗事件只是发生在过去，事实上即便是在21世纪，马六甲海峡上仍然有海盗事件在发生。

马六甲海峡海底平坦，水流平缓，容易淤积泥沙，因此这里还有沙滩和沙洲的隐患。在马六甲海峡，光是水深浅于23米的浅滩就有 37 处，非常容易发生巨轮搁浅事件，以及巨轮碰撞后的漏油污染事件。另外，按照海峡两岸泥沙的淤积速度，人们预计在 1000 年后，马来半岛和苏门答腊岛会连接在一起，那个时候马六甲海峡便消失了。

中国 85% 的石油运输都要经过马六甲海峡，因为这里是中国南海通向印度洋，中国与印度之间最短的海上航道。那么面对马六甲海峡必然会出现的困境，中国人想到了哪些补救的办法呢？

中国人很早就开始和马六甲海峡打交道了，早在西方航海家还没有来过这里的 15 世纪，也就是在中国明朝的永乐年间（1405 年），中国大名鼎鼎的航海家郑和就率领浩浩荡荡的舰队，穿过马六甲海峡，驶过印度洋，踏上了西亚和东非的土地。所以必须相信，我们中国人在面对困境时，一定会想到解决的办法的。

比如我们修建了中缅油气管道，管道的起点在缅甸的皎漂港，日输油能力为 40 万桶。此外还有中巴铁路，这些都是我国为应对马六甲海峡困境而兴建的能源通道项目。

看一眼必须收藏的知识点

黄金岛——苏门答腊

在中国古代，苏门答腊岛被称为"金洲"，意思是盛产黄金的地方。不仅东方是这样看待苏门答腊岛的，就连西方也是这样认为的。因为在 16 世纪的时候，这里就吸引了很多葡萄牙的探险

家们来淘金了。

苏门答腊岛处于赤道，是海上丝绸之路的重要通道。历史上，苏门答腊岛上有室利佛逝、苏门答腊、八昔、亚齐、那孤儿、黎代等古国。而苏门答腊，是在中国明朝的时候才被赐名的。

在元代的时候，苏门答腊国还被称为"须文达那国"，是因为在苏门答腊岛八昔河口，有一个名叫须文达那的小村，所以就那样叫了。直到明朝永乐三年，苏门答腊王苏丹罕难阿必镇，派遣使节阿里入贡中国，明成祖才昭封苏丹罕难阿必镇为苏门答腊国王，并赐印章。不过那个时候的苏门答腊国，可并不是全苏门答腊岛哦！

当年明成祖还通过郑和赠送给亚齐国王一座大钟，以表现大国风采。在印度尼西亚的亚齐博物馆里，仍然可以看见那座大钟。

苏门答腊的语言，属于马来－波利尼西亚语系。岛上居住着很多不同的族群，有亚齐人、加约人、阿拉斯人、巴塔克人、米南卡保人、勒姜人和马来人等。

其中，米南卡保人是当地最大的种族，他们和巴塔克人一样，是接受西式教育的族群，而其他的族群也有属于自己独特的习俗和有趣的故事。

像巴达克族人，他们非常忌讳公公和儿媳之间直接谈话。在他们真的有话要对彼此说的时候，也必须得有一个"中间人"。即便是公公和儿媳是面对面能看见对方的情况下，也要通过"中间人"才行。有趣的是，这个"中间人"不仅包括人，甚至还包括身边的动物、植物，甚至是一根吸管、一块石头。

比如，公公和儿媳在赶集的路上遇到了，公公手上正拿着牛肉在吃，公公想问儿媳要不要吃牛肉。公公就得这样问："椰子树，请去问问我的儿媳，她要不要吃牛肉。"儿媳回答："椰子树，请转告我公公，我不吃牛肉。"

　　还有生活在苏门答腊岛西南部沿海岛屿上的"花人"。"花人"是热爱文身的部落。这里的人基本上不穿衣服，想来是因为赤道地区很热吧，但他们会在腰下部扎一块布，然后在腰周围装饰一些树叶，并且他们身上都有美丽的文身，以展示他们躯体的健美。

⊙明代钟

长在火山上的国家——印度尼西亚

　　印度尼西亚共和国，简称印尼，是由约17508个岛屿组成的群岛国，也是全球最大的群岛国家，人口数位居世界第四。

印尼的疆域横跨亚洲和大洋洲，面积较大的岛屿有加里曼丹岛、苏门答腊岛、伊里安岛、苏拉威西岛和爪哇岛。

印度尼西亚的首都雅加达，是东南亚第一大城市，位于爪哇岛的西北部，常住人口有1056万。雅加达也是一座历史悠久的名城，在几百年前还是输出胡椒和香料的著名海港。

加里曼丹岛

是世界第三大岛，是一个地广人稀的大岛，中国古代称这里为"婆利"。如果你是一个动植物爱好者，又或者是对这个世界抱有好奇心的人，那真的可以去加里曼丹岛看一看。因为岛上有世界上最大的热带植物园，此外还有仅次于亚马孙热带雨林的世界第二大热带雨林。

这里不仅有巨猿、长臂猿、象、犀牛，以及各种爬行动物和昆虫。还有世界上最长的蛇、最大的飞蛾、最小的松鼠、最小的兰花。并且还有神奇的大王花和能进食的猪笼草。大王花的花瓣完全展开通常有1米宽，最宽的有1.5米，是世界上最大的花。但它其实是一种寄生植物，还会散发出有毒的气味。

⊙大王花

爪哇岛

是印度尼西亚的政治、经济和文化的中心地区。爪哇人（直立人）在 50 万 ~ 70 万年前就抵达爪哇岛。1891 年，岛上发掘出了爪哇人的化石，爪哇岛更是因此而闻名。在爪哇岛的北部有一座古城叫日惹城，日惹城是印度尼西亚的古都，城内有一座非常古老的佛塔，叫婆罗浮屠。婆罗浮屠是世界最大的古老佛塔，据说是由几十万农民和奴隶，历经 15 年的时间才建成的。

作为世界上最大的群岛国家，印度尼西亚地处环太平洋火山带的火环当中，这个地带处于太平洋盆地，是一处遍布火山和海底断层的弧形板块，是一系列地质剧变的高发区域。

印度尼西亚是世界上活火山最多的国家，目前仍有 120 多座活火山，也被称作"长在火山上的国家"。

海拔 2968 米的默拉皮火山，是印度尼西亚众多活火山中最为活跃的一座。其实光看它的名字就能猜出它很活跃了，因为默拉皮的意思就是"不灭之火"。

默拉皮火山

位于印度尼西亚爪哇岛中部，距离古城日惹城非常近，只有约 32 千米。所以它在 1006 年首次爆发的时候，日惹城就遭殃了，城里的婆罗浮屠佛塔直接被火山灰淹没。

它每隔 2 ~ 3 年就小喷一次，每隔 10 年或者 15 年就会大喷一次。每次喷发都会造成人员伤亡，威胁着当地人的居住安全。

坦博拉火山

位于松巴哇岛北部，最近的一次小规模喷发在 2013 年。但是它在 1815 年的那次爆发，简直惊掉了人类的下巴，是人类目前为止知道的最猛烈的一次火山爆发。

坦博拉火山的那次爆发，从 1815 年 4 月 5 日一直持续到 1815 年 7 月中旬才停止。整整三个多月呀，厚重的火山灰在爆发后 3

天内将附近 480 千米范围内的天空完全遮黑。熔岩流淹没了山脚下大片农田和房屋建筑，火山爆发还引发了海啸，将火山旁边的坦博拉镇吞没了。此次火山爆发所释放的能量相当于二战末期美国投放在日本广岛那颗原子弹爆炸威力的 6.2 万倍。

印度尼西亚的国服是他们的民族服装——巴迪服

巴迪是一种蜡染纺织品，其特点是布上印有花卉、蝴蝶、螺旋或几何图案等彩色的图案。巴迪服设计别致，极具民族特色，适合印尼人在各种场合穿着。

在印尼，人们认为左手是不圣洁的，人们只会在上厕所时才使用左手。所以当你和印尼人握手时记得用右手，尤其是将食物传递给对方时，记得一定要使用右手。也不要用手摸印尼人的头部，因为他们认为那样是无礼的行为。另外印尼女性的肩膀也是不能随意触碰的。还有印尼人忌讳用食指指人，合宜的方式是用右手拇指指人。

印尼人的主食是大米，不过他们喜欢把大米包进香蕉叶或者棕榈叶里面折成菱形蒸着吃。他们管这个叫"克杜巴"。

印尼还有很多风味小吃，像煎香蕉、糯米团、鱼肉丸、炒米饭以及各种糕点。另外当地人还喜欢吃凉拌什锦菜和什锦黄饭，因为印尼人认为黄色是代表吉祥的颜色，所以他们喜欢把米饭做成黄色的。其实根本原因是印尼是一个盛产香料的国家，他们把香料放进各种食物里，食物当然就呈现出黄色了。

印尼的工艺品和纪念品也非常有特色，深受国外游客的喜爱。著名的有巴迪布、木偶戏傀儡、印尼风景画、爪哇绢制人像、装饰扇、巴达族榕树手杖、达雅族树皮提袋等。

印度尼西亚还有多处非常值得一提的世界遗产

1. 桑义兰早期人类遗址文化遗产。桑义兰早期人类遗址是印度尼西亚中爪哇的一个古人类遗址，1996 年被教科文组织认定为世界遗产。人类学家在这里挖掘出人类的祖先之一——"爪哇人"（也叫作爪哇直立猿人）化石。

2. 苏门答腊热带雨林自然遗产。这里是一处真正的天然生物宝库，岛上的山脉几乎全被原始森林覆盖，保护区内有苏门答腊松、南洋松等众多可以制作橡胶的树种，是数百万植物、超 200 种哺乳动物，以及 580 种鸟类的栖息地，在这里你还可以看到苏门答腊猩猩和苏门答腊虎。

3. 乌戎库隆国家公园自然遗产。它是世界最大的低地雨林生态系统，有着大面积的沼泽与红树林。这里最珍贵的是独角犀牛，独角犀牛又称"爪哇犀牛"，是世上最稀有的哺乳动物之一。

4. 婆罗浮屠寺庙群文化遗产。这里曾被火山灰掩埋了数百年，据说在婆罗浮屠遗址欣赏美丽的日出会是人生中最纯净的体验。

5. 巴兰班南寺庙群文化遗产。巴兰班南大约建于公元 850 年，是印度尼西亚最大的印度教建筑。它的独特之处在于高耸的尖顶和高达 47 米的中心建筑。

6. 科莫多国家公园自然遗产。光是看"科莫多"这三个字，你是不是就能猜到这里生活着世界上最大的蜥蜴科——科莫多龙了呀？对的，这里正是因为有这样一种世界珍稀动物而闻名于世的。

⊙科莫多龙

7. 洛伦茨国家公园自然遗产。这里是世界上唯一一个既包括积雪覆盖的山地，又有热带海洋环境，以及广阔低地沼泽的保护区。这里的化石遗址，记载了新几内亚生命的进化史。

看一眼必须收藏的知识点

东南亚唯一的发达国家——新加坡

新加坡位于马来半岛南端、马六甲海峡出入口，由新加坡岛及附近 63 个小岛组成。20 世纪 60 年代，新加坡陆地面积 581.5 平方千米，经过多年填海造地，截至 2023 年，新加坡国土面积已增加至 735.2 平方千米。

"新加坡"是梵语"狮城"的谐音，因此新加坡又有"狮城"之称，是勇猛、雄健的象征。新加坡的国花是一种叫卓锦·万代兰的胡姬花。胡姬花其实就是我们中国人叫的兰花，它象征了新加坡人刻苦耐劳、果敢奋斗的精神。

新加坡是一个移民国家

大多数新加坡华人的祖先来自中国南方，尤其是福建、广东和海南三省。新加坡官方使用的是我们中国的简体汉字。不过他们官方的公函、商务往来的书信却是以英语为主。

教育在新加坡是非常受重视的

每个儿童都需要接受 10 年以上的常规教育，其中小学 6 年，中学 4 年。新加坡的社会治安状况总体良好，是世界上犯罪率最低的国家之一。

新加坡还有很多好玩的地方

比如有名的环球影城。新加坡环球影城坐落于圣淘沙岛内，里面包含了 7 个主题区，都是以好莱坞卖座电影为主题设计的精彩游乐项目。

新加坡虽然建国时间短，但这并不意味着新加坡没有文化底蕴。其实，在新加坡有四家博物馆，都是他们引以为傲的地方：

新加坡亚洲文明博物馆，关注亚洲文明之间以及亚洲与世界之间的历史联系。

新加坡美术馆，馆内收藏及展示了20世纪以来，新加坡和东南亚的近现代美术品。

新加坡国家博物馆，是新加坡最古老的博物馆，拥有130多年的历史。在这里，体现了新加坡年轻且极具创新的国家精神。

新加坡华族文化中心，这里是新加坡人宣扬属于新加坡人自己的中华文化的地方。

新加坡还有很多美食

比如，鸡肉沙爹，这是一道源于马来西亚的美食；海南鸡饭，这是一道新加坡早期移民的特色菜；咖喱鱼头，是最具新加坡风味的美食代表之一。另外还有叻沙，叻沙是典型的属于娘惹和土生华人的一道菜。

东南亚各国经济差异

国家	产业概况
新加坡	经济以服务业、金融业、航运业、物流业、旅游业为主，并积极发展高科技和教育。国内生活水平已达到发达国家的标准
越南、菲律宾、印度尼西亚	经济相对落后，重旅游业、基础制造业和农渔业
泰国、越南、缅甸	世界上重要的水稻出口国
印度尼西亚	东南亚重要的石油出口国，另外东南亚生产石油较多的国家还有马来西亚和文莱
泰国、马来西亚	锡产量居世界前列
印度尼西亚、泰国、马来西亚	橡胶生产大国

4 神奇的印度

　　印度对于我们中国人来说，其实并不陌生，因为大唐高僧玄奘，去西天取经的目的地"天竺"就是印度。印度佛教文化的盛行，源于公元前4世纪孔雀王朝统一印度次大陆后，开始推行佛教并对外传播。

　　印度是世界四大文明古国之一。它在公元前2500年至公元前1500年间创造了辉煌的印度河文明。印度河文明是世界上最早的文明之一，它与美索不达米亚文明和古埃及文明属于同一时代。但印度河文明的面积分布比这两种文明的面积分布更加广泛。印度河文明的消失与公元前1900年印度河流域的干涸有着直接的关系。

　　印度，1950年建国，是南亚地区最大的国家。印度还是世界上人口最多的国家，有100多个民族，其中印度斯坦族约占总人口的46.3%，印度斯坦族主要以务农为业。21世纪初，印度成为世界新兴经济体之一。

喜马拉雅山脉的另一面就是印度

印度和中国接壤，翻过喜马拉雅山脉，印度就位于山脉的南面。印度的国土呈一个倒立的三角形状，大头靠着喜马拉雅山脉，然后一直延伸到印度洋。

喜马拉雅山脉对印度有多重要呢？这里几乎是印度全境所有淡水资源的源头地。印度主要的河流恒河、布拉马普特拉河、印度河等都发源于喜马拉雅山脉。

印度的北部是山岳地区，占国土面积的25%。中部是恒河平原，占国土面积的40%。南部是德干高原和其他高原，占国土面积的33%。而东面和西面都是临近印度洋的海岸平原。

印度的平原地区面积接近国土面积的一半，而其余山地和高原地区的海拔通常不超过1000米。整个国家地势低矮平缓，交通方便，有着绝对的优势。并且印度是热带季风气候，有着肥沃的热带黑土地，农作物一年四季都能播种和收获。这得天独厚的自然条件，非常有利于农业的发展。

印度的矿产资源也非常丰富，铝土储量和煤产量均占世界第五位，云母出口量也占到世界出口量的60%。

为什么印度既洋气又落后

短视频里被改编的印度歌曲、餐馆里的咖喱套餐系列、街道上女人们喜欢去的瑜伽馆，甚至是宝莱坞的歌舞电影、悬疑电影等无一不在彰显着印度对世界的影响力。

印度对世界的影响力还远不止这些，在学术界，印度还诞生过化学奖、经济学奖等诺贝尔奖的得主。并且他们得到诺贝尔奖的数量是领先于中国的。

印度的软件产业非常发达，拥有世界第二多的IT（信息技术）公司，被称为南亚硅谷，仅次于美国，排名世界第二。

印度的仿制药产业也非常发达，价格低、质量高的仿制药品，拯救了不少穷人的性命。

印度的大学是和国际接轨的，他们培养出了很多政界和商界的精英。

2023年9月2日，新加坡选举出的第九任总统尚达曼就是印度裔新加坡人。英国第57任首相苏纳克，也是英国历史上第一位印度裔首相。还有2021年1月20日，当选美国副总统的哈里斯，是美国首位女性副总统，也是印度裔的后代。

谷歌母公司的CEO（首席执行官）桑达尔·皮查伊和微软的CEO萨提亚·纳德拉，也都是印度裔。香奈儿的CEO莉娜·奈尔更是土生土长的印度人。

这么一看，印度人在世界上的影响力可以说是越来越强了。那么关于印度环境差，还有很多在底层挣扎的穷人的说法，是真的吗？

印度的首都新德里，其实是在旧的首都旧德里旁边新修的。新德里和旧德里就隔着一个叫"德黑门"的门形建筑而已。

在新德里生活着印度的富人们，这里是繁华的大都市，高楼林立，有着现代化的交通和国际化的生活节奏。

穷人们都生活在旧德里，挤在狭窄肮脏的街道里努力地活着。旧德里建筑破败、基础设施落后。最明显的就是街道上没有足够的厕所，矮墙上、马路上随处可见人们方便后留下的一摊摊污渍，以及散发在空气中的那股不可言说的气味。牛、羊、鸡、狗会在街上突然出现，甚至是一头牛就横卧在街道中间，也是很正常的事情。

旧德里到处都是垃圾，一到下雨天，由于地下管道年久失修雨水甚至还会倒灌。晚上，在这里还可以看到很多人睡在马路上，他们大多属于印度阶层的最底层，并且他们认为他们就该如此，也并不能改变什么。他们吃着廉价的食物，穿着廉价的衣服，还找不到工作，过着没有希望的日子。

孟买，是印度的第一大港口城市，也是亚洲地区最发达的城市之一。这里有很多发达的工业，生活着很多穿着光鲜的精英白领。但就是在这样一个国际化的大都市，却存在着世界第二大、亚洲最大的贫民窟——达拉维。在拉达维，随处可见赤裸着上身的小孩子，不是他们故意不穿衣服的，是因为他们穷得没有衣服穿。

是什么原因导致了印度的贫富差异这么大呢？又是什么原因导致印度既有那么多站在世界顶端的大人物，又有那么多命如草芥的贫民呢？

1757年，印度开始沦为英国殖民地，英国实际统治印度的时间长达300年。在此期间，印度有部分人接受西方教育，这些人符

合西方的规范体系。再到 1950 年印度建国初期，印度的工业体系发展得并不完整，也没有适合的工作机会给到这部分人。于是移民到国外寻求工作机会，便成了这部分印度人的出路。

而印度国内人们在吃穿住行，以及工作待遇上的阶级差距，应该就是印度特有的种姓制度导致的。

⊙达拉维贫民窟

看一眼必须背会的知识点

阶级森严的印度种姓制度

印度种姓制度起源于雅利安人入侵印度时期，在印度有着 3000 多年的历史。它是古代世界上最典型、最森严的等级制度，并且种姓制度下的各等级世代相袭。种姓制度将人分为四个等级，由上至下依次是：婆罗门、刹帝利、吠舍和首陀罗。在这四个等级之外还有贱民，贱民是直接被排除在原人的身体之外的。

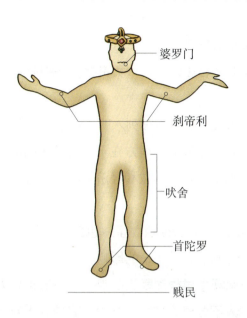

婆罗门

刹帝利

吠舍

首陀罗

贱民

⊙种姓制度

　　种姓制度的四个等级在地位、权利、职业、义务等方面有着严格的规定。

婆罗门，是最高等级，也是整个阶序的核心

　　婆罗门是祭司，主要从事教授《吠陀经》、司祭等工作。婆罗门享有许多特权，如不可处罚、不用交税、不可杀害、可领回部分充公遗失物等。

刹帝利，是第二等级

　　刹帝利是战士和统治者，掌握着实际的政治与军事权力，负责保护婆罗门。

吠舍，是第三等级

　　吠舍是农民和牧师，他们的任务是生产食物，提供祭品。吠舍

可从事农耕、商业、畜牧和放贷的工作。

首陀罗，是最低等级

他们是没有人身自由的奴仆，负责提供各种服务。

贱民

在印度不算人民，所以不被列入四大种姓的行列。

这种种姓制度，最残酷的地方在于它是世袭制的，一个印度人从出生开始，他未来的社会地位和经济状况就已经注定了，几乎不会有改变的机会。

尽管 1947 年，印度已经独立了，也废除了种姓制度，但还是没有彻底摆脱种姓制度几千年来的影响。

比如人们思想观念里根深蒂固的观念——低种姓人代表着低道德。还有低种姓人不敢对高种姓人开枪，高种姓人对低种姓人有种血脉里的歧视：他们认为最低等级的首陀罗（奴隶）就是懒，无论首陀罗身处怎样的遭遇，他们也不会同情，觉得一切都是因为首陀罗的懒惰导致的。

而在印度，接受过教育并且能够去到发达国家的人，天生就是有着刹帝利身份的人，他们是高种姓人。

贱民们不能受教育、不可以穿鞋，只被允许从事非常卑贱的工作，比如清洁秽物和搬运尸体等。更夸张的是，人们不仅认为贱民的身体是污秽的，就连贱民们路过时的影子跟人们有重叠，人们都会觉得晦气。贱民们走过的地方、坐过的地方都需要马上清理干净才行。这也是为什么直到现在还是有很多印度人直接睡在城市的马路上，无家可归，无事可做，并且他们也不想着改变的原因。因为在这样一个冷酷的社会里，他们就是人们心中的贱民，他们也是几乎没有任何机会能够改变自己的人生的。

在恒河中沐浴

恒河，发源于中印边境的喜马拉雅山南麓，是印度文明的发源地之一，它不仅是印度教的圣河，也是佛教兴起的地方。恒河流经恒河平原，是南亚次大陆最大的河系。

恒河从远古时候就开始受到印度人的崇敬，他们把恒河视为母亲河。认为一生中至少要在恒河中沐浴一次，才能洗净生生世世的罪孽。

印度教信徒更是视恒河为最神圣的河流。大多数印度教信徒终其一生必做的四件事中，就有到恒河洗圣水澡和饮用恒河圣水。

每年的 1 到 3 月，在恒河会举办隆重的沐浴节。数十万朝圣者会赶来这里，并且在河中沐浴，共饮恒河水。

⊙恒河沐浴

217

同时，你还会看到，不远处还有逝者的遗体漂浮在水面上。恒河的岸边还有人架起火把在焚烧已逝者的遗体，烧完之后的骨灰还会被撒进恒河，因为人们认为只有这样，逝者的灵魂才能升天。而即便是在焚烧逝者这件事情上，也能看出印度穷人和富人的差别，比如富人会用檀木油来焚烧逝者，而穷人则是用煤油来焚烧逝者。煤油燃烧会发出难闻的味道，而檀木油则不会。

看一眼 **必须收藏的知识点**

印度必去的三个景点

阿旃陀石窟

阿旃陀石窟以其壁画艺术著称于世。壁画中的妇女体态丰满，姿态优雅，形象高贵典雅，反映了印度古典艺术的美学思想。要说到阿旃陀石窟和中国的渊源，就不能不提中国唐朝的高僧玄奘了，玄奘曾经在 7 世纪初的时候，到阿旃陀朝圣。阿旃陀石窟现存 30 窟，始凿于公元前 2 世纪，一直延续至 7 世纪中叶，经历了漫长的 9 个多世纪。

泰姬陵

泰姬陵是印度知名度最高的古迹之一，距离印度首都新德里200 多千米，是一栋全部由纯白色大理石建造的建筑。整体建筑由殿堂、钟楼、尖塔、水池等构成。寝宫的墙上是用翡翠、水晶、玛瑙、红宝石、绿宝石等镶嵌出的藤蔓花朵，具有极高的艺术价值。

泰姬陵充满了浪漫色彩，是一座见证了爱情的建筑。它建于16世纪，是印度莫卧儿皇帝沙贾汗为了纪念他已故的妻子——泰姬而建造的。

泰姬是一名美丽的波斯公主，也是沙贾汗唯一真正爱过的女人。然而泰姬在39岁时就去世了。据说沙贾汗伤心得一夜之间白了头。为了纪念泰姬，沙贾汗从欧洲请来最好的建筑师，修建了泰姬陵。沙贾汗还在陵地上刻下了一首诗："如果有人问我有多爱你，我的回答是，就像泰姬陵惊人的美丽和永恒一样。"

德里红堡

德里红堡之于印度人，就好比故宫之于中国人。德里红堡因其绵延2千米长的红砂岩围墙而得名，因此号称是世界上最鲜艳的皇宫。在这座皇宫里，你可以看见伊斯兰、波斯、蒙古和印度文明的影子。像这种集合了多种文明特色为一体的建筑，是莫卧儿王朝时期建筑的典型代表。

看一眼
就记得住的地理学常识

首都	国旗	国树	国花	国鸟
新德里	橙、白、绿三色旗	菩提树	荷花	蓝孔雀

5 横跨欧亚大陆的国家——俄罗斯

开篇第一问——俄罗斯到底是欧洲国家还是亚洲国家？

俄罗斯的疆域横跨欧亚大陆，国土面积超过1700万平方千米，是全球陆地面积最大的国家。国土的东西跨度达到了9000千米，住在俄罗斯东边的人刚起床，而住在西边的人已经吃完晚饭准备睡觉了。

俄罗斯有四分之三的领土是位于亚洲的，但因为亚洲部分遍布山脉和森林，并且土地还是永久性冻土，因此这里地广人稀。但反观俄罗斯地处东欧的四分之一疆域，却居住着俄罗斯75%以上的人口。俄罗斯主要的城市、经济中心、知名的大学等都集中在东欧。因此，俄罗斯是一个欧洲国家。

俄罗斯是联邦制国家，首都莫斯科，由85个平等的联邦主体组成，与14个国家接壤：

东南方向与中国、蒙古和朝鲜接壤，南面与格鲁吉亚、阿塞拜疆、哈萨克斯坦接壤，西面与爱沙尼亚、拉脱维亚、立陶宛、波兰、白俄罗斯接壤，西南面与乌克兰接壤，西北面与挪威、芬兰接壤。

俄罗斯是一个多民族国家，一共有194个民族，其中以俄罗斯族为主，占总人口的77.7%。其他的少数民族有鞑靼族、乌克兰族、车臣族、亚美尼亚族、阿塞拜疆族等。

看一眼就记得住的知识点

揭秘西伯利亚

乌拉尔山是欧洲大陆与亚洲大陆的标志性分界线

乌拉尔山有着非常重要的地理意义。它同时也把俄罗斯分为了欧洲和西伯利亚两部分。

俄罗斯的欧洲部分，面积约426.835万平方千米，人口约1.1亿，要知道俄罗斯全国人口也才约1.46亿。由此可见，绝大多数俄罗斯人都愿意在欧洲部分生活。

西伯利亚地区，面积超过1300万平方千米，是其欧洲部分面积三倍的样子

西伯利亚地区具体有多大呢？它能将世界第二大的国家加拿大完全装下，并且还绰绰有余。

但是你知道西伯利亚地区有多少人口吗？只有3000多万！和我国重庆的人口差不多！是真正地广人稀的地方呀！

西伯利亚地区的人口密度约为每平方千米3人，和我国人口密度最低的省份——西藏是一样的。但我国西藏的面积是120多万平方千米，只有西伯利亚地区面积的十分之一。

俄罗斯西伯利亚地区的荒芜，真是让人不禁感叹了，但俄罗斯还有更加荒芜的地方，那就是俄罗斯的远东地区。远东地区面

积约为621.59万平方千米，相当于2个印度那么大。但远东地区的人口密度仅为每平方千米1人，而印度的人口密度约为每平方千米468.7人。

为什么俄罗斯人都不愿意去远东地区生活呢？是因为这里的自然资源不丰厚吗？不是。事实上这里的油气、森林和鱼类等资源都极为丰富。远东地区的资源总量占到了整个俄罗斯的一半以上。另外，俄罗斯还出台了专门的政策，鼓励俄罗斯人移民到远东地区，开出的条件是巨额的补贴和赠送大量的土地。目的也是想开发和利用远东地区丰厚的自然资源，但结果还是没有多少人愿意去。

是俄罗斯人懒吗？他们贪恋繁华的欧洲而不愿意去远东地区为国家效力？其实不然，主要原因还是远东地区恶劣的地理环境，以及人类身体很难承受的极寒天气。

俄罗斯整体地形以平原和高原为主，地势南高北低，36%的领土在北极圈内，从北往南依次是：北极荒漠地带、冻土地带、草原地带、森林冻土地带、森林地带、森林草原地带和半荒漠地带。

俄罗斯大部分地区属于温带大陆性气候。夏季短暂、温暖，冬季漫长，春秋两季都很短

由于俄罗斯地域非常辽阔，因此导致了俄罗斯不同地区的气候差异很大。像东欧平原的气候是比较温和的，而西伯利亚地区的冬季却非常寒冷，到北冰洋沿岸就是终年严寒的极地气候了。

在西伯利亚远东地区，零下五十多度是再常见不过的温度了。在这里向空中泼一盆热水，热水会在空中冻结成冰碴，然后掉落下来。人走在路上，头发、睫毛和胡须都会结冰。远东地区的居民，主要集中居住在城里，依靠政府补贴度日。

在西边的欧洲地区，因为受到大西洋暖流的影响，气候宜人，适合人类居住。但大西洋暖流受到乌拉尔山阻挡，无法到达西伯利亚地区，更别说更远的远东地区了。因此才导致远东地区成了苦寒之地，人烟稀少了。

看一眼必须收藏的知识点

俄罗斯的资源有多丰富

俄罗斯是世界大国之一，在航天、核能、军工等尖端技术领域，处于世界领先地位。此外，俄罗斯还拥有丰富的能源和矿产资源。

俄罗斯居世界首位的资源是森林资源

俄罗斯的森林覆盖面积占国土面积的 65.8%，居世界第一位。木材蓄积量居世界第一位。

俄罗斯居世界第二位的资源是水资源

俄罗斯境内有 300 多万条河流和 280 多万个湖泊。河流走向大多为南北走向，主要的河流有伏尔加河、鄂毕河、勒拿河、叶尼塞河和阿穆尔河等。

伏尔加河是俄罗斯的母亲河，是欧洲最长的河流，也是世界最长的内流河。俄国批判现实主义画家伊利亚·叶菲莫维奇·列宾的世界名画——《伏尔加河上的纤夫》更让伏尔加河在世界上名声远

扬。画中的 11 个纤夫，是沙俄专制下被奴役的普通人，画家通过绘画，展现出了他们的智慧、善良和力量。

蓄水量高达 23.6 万亿立方米（2015 年）的贝加尔湖，是世界上最大的淡水湖，湖里的水量能支撑 50 亿人使用半个世纪。

俄罗斯的矿产资源储蓄量位居世界前列的有煤、铁、石油和天然气等

俄罗斯石油资源仅次于中东地区，位居世界第二。钾盐储量与加拿大并列世界第一。俄罗斯还是世界天然气资源最为丰富的国家，产量位居世界首位。

俄罗斯地大物博、资源丰富，但人口却相对较少。因此人口问题一直是他们经济发展的最大问题之一。在远东地区，这里的石油存储量约占整个国家的一半，但是人口实在是太稀少了。你在这里闲逛一天，也不一定会碰到一个人。这或许也是俄罗斯军事强大的一个原因吧，有如此大的疆域和这么丰富的自然资源，还人手不足，怎么办？核武器来凑啊！所以俄罗斯拥有世界上最大的核武器库，就是为了能最大限度地起到保卫他们领土的作用。

自苏联时期以来，俄罗斯在核武器、导弹、战斗机、坦克等军事装备方面一直保持领先地位。此外，俄罗斯在天文、核能、航天等高科技领域也有着很强大的实力。

看一眼必须背会的知识点

俄罗斯有两个首都？

俄罗斯的首都莫斯科是俄罗斯政治、经济、金融、科学、艺术、教育、商业中心

莫斯科航空、航天、电子工业都非常发达，因此还是俄罗斯最大的军事工业中心。

莫斯科迄今已有 800 多年的历史了，是世界著名的古城。拥有众多名胜古迹，是历史悠久的克里姆林宫的所在地。

克里姆林宫是世界上最大的建筑群之一，享有"世界第八奇景"的美誉。它是俄罗斯总统府的所在地，是俄罗斯历史、文化和艺术古迹的宝库，更是俄罗斯国家的象征。

⊙克里姆林宫

莫斯科城市规划优美，有"森林中的首都"的美誉。全市文化体育设施齐全，有各类影剧院、音乐厅、博物馆、展览馆等350多座。

莫斯科的俄罗斯国立图书馆，是原列宁图书馆，是世界上第二大图书馆。馆内收藏了16世纪到20世纪期间，古斯拉夫语、当代俄语、东方语言以及欧洲语言的珍贵文献，共计有1420万册左右。

莫斯科还有享誉世界的俄罗斯国家大剧院、莫斯科艺术剧院、俄罗斯国家模范中央木偶剧院、莫斯科国家大马戏团和俄罗斯国家交响乐团等艺术机构。被誉为"俄罗斯之光"的俄罗斯国家大剧院，如今仍旧上演着柴可夫斯基的芭蕾舞剧《天鹅湖》。

圣彼得堡是俄罗斯的第二大城市，被称为俄罗斯的"北方首都"

圣彼得堡是沙皇彼得一世时期开始兴建的，并且以圣彼得的名字命名。

圣彼得堡是一座世界文化名城，有俄罗斯"文化首都"的美称。

1712年，俄罗斯将首都从莫斯科迁到圣彼得堡，在此定都200多年。

1917年，"十月革命"在这里发生，列宁领导的十月革命在这里获得成功，从此开创了一个全新的苏联时代。

1918年3月，俄罗斯的首都从这里迁回莫斯科。需要说明的是，俄罗斯现在的首都只有一个，那就是莫斯科。但不得不承认圣彼得堡在俄罗斯人心中，依旧有着深厚的旧都意义。

俄罗斯是一片充满艺术气息的沃土，这片沃土养育出了柴可夫斯基、肖斯塔科维奇、拉赫等才华横溢的音乐家、作曲家。他们给世界带来了优美的乐章。

俄罗斯的文学对世界也有着很强的影响力，托尔斯泰、普希金、契诃夫等作家的作品，深受世界人民的喜爱，有着很高的思想价值。

看一眼
就记得住的地理学常识

国徽	国旗	国歌	国花
双头鹰盾徽	白、蓝、红三色旗	《俄罗斯，我们神圣的祖国》	洋甘菊